永井竜之介 NAGAI Ryunosuke
村元康 MURAMOTO Kou

INNOVATION RENEWAL
Innovativeness of Chinese Unicorns

イノベーション・リニューアル
中国ベンチャーの革新性

千倉書房

まえがき

　2019年現在、世界において、日本のプレゼンス（存在感）が小さいものになっている事実を、はたしてどれだけの人が自分事として認識できているだろうか。ひとりの消費者、観光客として、アメリカや中国、ヨーロッパなどへ行ったときには、周りを意識して見てみてほしい。愕然とするほどに、日本の企業やブランド、プロダクト（製品やサービス）のプレゼンスが薄れていることに気づくはずだ。

　かつて日本企業が一時代を築いた家電の分野では、韓国のLGとサムスン（三星電子）、中国のハイアール（海尔集団）が世界の主役の座を奪っている。ホテルの客室でも、知人宅でも、家電売場でも、日本の家電メーカーは驚くほど見かけられない。シャンプーや洗剤といった一般消費財の分野では、アメリカのP&GやJohnson & Johnson（ジョンソン&ジョンソン）、イギリスとオランダのUnilever（ユニリーバ）がしのぎを削っている。スーパーマーケットやコンビニで、日本の消費財メーカーが活躍している姿はなかなか目に入らない。街中で目にする自動車の分野では一矢を報いており、トヨタや日産、ホンダの姿を見つけることができるが、一般利用よりも、燃費性能の良さからUBERで使用されている姿の方が目立つ印象を受ける。

　日本のプレゼンスの小ささは、研究の舞台でも同様だ。筆者はこれまで世界のマーケティング学会に参加してきたが、ベルギーのルーヴェンで開催されたヨーロッパ最大の学会EMAC（European Marketing Academy）では、受付で「你好!!」と声を掛けられた。参加者に中国の研究者が多いため、現地のベルギー人スタッフは「あなたも中国人ですよね」と気

遣い、もてなしの意味で、中国語で話しかけてくれたのだ。ボストンで開催されたアメリカ最大の学会AMA（American Marketing Association）では、発表に関する議論の際に「South Korean ?」と確認されたこともある。韓国企業と同様、多くの韓国の研究者は海外志向が強く、世界で活躍する彼らの姿はすでに一般的となっている。そのため、「あなたも韓国人かな」と確認されたのだ。

　日本経済がバブル絶頂の頃、世界の時価総額ランキングの上位を日本企業が独占していた時期には、世界中が日本企業をベンチマークの対象として求めた。驚異的な成長を続ける日本企業には、どのようなエクセレンスが存在するのかを探し、自社の改善と更新に役立てるためである。日本人研究者も、日本企業のデータを持っているというだけで、共同研究のパートナーとして、世界から引く手あまただったという。しかし現在では、日本企業も、日本人研究者も、存在だけを見れば、世界のメインストリームからは蚊帳の外にあると言っても過言ではない。主たるベンチマークの対象は中国企業に、パートナーの対象は中国人研究者へと移っている。

　実務でも学術でも、世界からの注目が中国に集まっているなか、日本だけは中国を見ようとしていない。素直に認めたがらない、と言った方が適切かもしれない。もともと日本企業、日本人は、欧米への憧れが特別に強い。中国の知人から「どうして日本人は、戦争で敗れた国にそんなに憧れるのか不思議だ」と言われたことがある。日本人にとって、ビジネスにおいても、ライフスタイルにおいても、そしてエンターテインメントにおいても、アメリカへの憧れがとりわけ強いことは事実だろう。アメリカはマーケティングの本場とも言われ、日本人は、アメリカの企業やビジネスをベンチマークの対象とし続けてきた。

　その一方で、中国の企業やビジネスに関しては、多くの日本企業、

多くの日本のビジネスパーソンが、十分に目を向けてきていない。中国のBATH（バイドゥ（百度）・アリババ（阿里巴巴集団）・テンセント（騰訊）・ファーウェイ（華為技術））が世界で騒がれるようになっても、AI（Artificial Intelligence）に関するベンチャー投資で中国企業がアメリカ企業を抜いて世界一になっていても、あるいは、中国のトップ300社の時価総額が日本のそれをはるかに上回っていても。認めたくない、と目をそらし続けてきた。あれもこれも、中国バブルがはじければ終わりだ、と陰口をこぼすことでごまかしてきた。「中国バブルがはじければ」と、もう何年言い続けているだろう。バブルがはじければ、もちろん成長の勢いは弱まるが、中国企業が消えて無くなるわけではないのにもかかわらず。

　2019年現在の世界に、世界の変化にアンテナを張れば、必然的に中国ビジネスへ注目せざるを得ない。確かに、中国のプレゼンスの大きさは、かつての日本のバブル期と同様、一過性のものかもしれない。しかし、現在、あるいはまだこれから数年から十数年間、中国企業はベンチマーキング対象として注目する価値が大きいことは明らかである。また、中国バブルがはじけたとしても、それまでに中国企業（主にメガ・ベンチャー）が達成してきたエクセレンスのすべてが否定されるわけではない。中国は、ベンチマーキング対象として、もはや知らないでは済まされない。

　本書は、劇的な変化を続ける世界のなかでの日本の現在地を明示し、日本の企業およびビジネスパーソンが「次のイノベーションの担い手」となるために有効な気づきを、実務的視点と学術的視点の両面から提供していくものである。2019年時点において、規模と質のアメリカ、圧倒的な勢いの中国が二強となり、イノベーションを世界に輩出する主体となっている。一方、日本は、グローバルなイノベーション競争の周回遅れに置かれているにもかかわらず、多くのビジネスパーソンも、その

予備軍である学生も、自分たちが周回遅れに立たされているという事実を充分に自覚できていない。現状認識が甘く、それゆえに適切な目標設計と行動ができていない状態にある。

　第Ⅰ部では、読者に世界の変化を伝え、自らの置かれている現状を自覚してもらう。そして、世界が注目し、日本が目をそらしてきた中国ビジネスについて、現在進行形で進んでいるその実態を紹介していく。第Ⅱ部では、イノベーションを創り出し続けるカギとなる3つの要因について取り上げ、それぞれについて深掘りを進めていく。「なぜ日本からイノベーションが生まれなくなったのか」、「なぜアメリカからはイノベーションが生み出され続けているのか」そして、「なぜ中国はイノベーションを生み出せるようになったのか」。それぞれの問いに対して、マーケティング、ベンチャー起業、そしてヒトと組織、という3要因から答えを導く。第Ⅲ部では、ヒトと組織、つまり日本のビジネスパーソンと企業組織が、マインドを変えて生まれ変わるための問題提起を行う。読者には、9つの問題提起から共感・納得できる要素を探し、事例や主張を参考にして、自らを革新させていってほしい。

　前著『メガ・ベンチャーズ・イノベーション』は、ベンチャー、イノベーション、マーケティングの3領域に関する広大な情報を共有し、誤解を解き、3領域を組み合わせ、理解を深めてもらう1冊だった。それに対して、本書『イノベーション・リニューアル』は、日本のビジネスパーソンに対する問題提起の1冊にしたいと考え、執筆した。日本企業は、日本のビジネスパーソンはどう変わっていけるのか。世界のイノベーションを学び、中国ベンチャーをベンチマークし、読み手それぞれの変化と挑戦について考えてみるきっかけとしてほしい。

　現在進行形で変わり続けているビジネス環境は、もはや最適解を探すパズル型・テトリス型ではなく、新たな最適解を創りあげ続けるレゴ

型・マインクラフト型へと変化していっている。環境を選び、マインドを変え、スキルを伸ばせば、どこからでも逆転が狙える。誰もが、諦める必要なく、革新できる。反対に、現状に安心してあぐらをかき、変化を恐れていれば、いつ負けてもおかしくはない。

　イノベーションの話をするとき、奨励的政策や補助金といった国レベルの話や、組織体制やシステムなどの企業レベルの話ばかりに焦点が当てられ、当事者であるヒトが不在かのように感じられることがある。どこか他人事で、国が、企業が対応してくれれば、勝手に誰かがイノベーションを起こしてくれる、かのようだ。しかし、イノベーションを起こすのはヒトであり、自分たちである。だからこそ、自分事として、当事者として、イノベーションを起こしていく「Personal Innovativeness（個人の革新性）」を意識して向上させていく必要がある。

　タイトルの『イノベーション・リニューアル』には、幅広い読者に、世界の変化、世界のイノベーションについて知ってもらい、そのうえで自分自身の生きていく世界を自ら革新させてほしい、という願いをこめた。変化の波に無理に逆らおうとするのではなく、アンテナを張っていち早く変化に気づき、さらに先に起こりうる変化を予測し、変化に乗り、革新を生み出していこう。そして、自らが変化を創り出す側に立とう。そのための、自己革新のきっかけや成長ステップに、本書を活用してもらえたら、本望である。

Contents

まえがき　iii

Part I
know "WORLD INNOVATION"

Chapter 1　5th stage
イノベーション競争のフェーズ5を進む世界
003

1 ▸ 日本の猛追と失速のフェーズ2　005
2 ▸ 中国が爆発的成長を遂げるフェーズ4　009
3 ▸ 米中二強のフェーズ5　014

Chapter 2　Chinese unicorns
中国ユニコーンのGet "Too" Big Fast
021

1 ▸ メルカリのGet Big Fast　022
2 ▸ シェアサイクルのGet "Too" Big Fast　026
3 ▸ コーヒー・チェーンのGet "Crazy" Big Fast　030
4 ▸ 飛躍するネクスト・ユニコーン　035

Chapter 3　Factful China

イノベーション拠点となる「北上杭深」

049

- **1** ▶ 世界第2位のベンチャー都市、北京　051
- **2** ▶ 国際ビジネスの舞台、上海　055
- **3** ▶ アリババの城下町、杭州　059
- **4** ▶ アジアのシリコンバレー、深圳　066

Part II

think "INNOVATION DRIVERS"

Chapter 4　Energy of start-ups

革新を活性化させるベンチャー起業

075

- **1** ▶ 革新性を発揮・誘発するベンチャー　077
- **2** ▶ 中国におけるベンチャー施策とイノベーション施策　083
- **3** ▶ 中国ベンチャーが創り出す革新の特徴　087

Chapter 5　Marketing insight

革新の種を見つけるマーケティング・インサイト

097

- **1** ▶ 見つけるインサイトと広めるマインド　098
- **2** ▶ ベンチマークの有効活用　101
- **3** ▶ ニーズ思考のベンチマーキング　107

Chapter **6**　**Marketing mind**

革新を実現させるマーケティング・マインド

1 ▸ 即時性と透明性を浸透させる　114
2 ▸ ユーザー・アズ・フレンド　121
3 ▸ したたかに友人関係を結ぶ　128
4 ▸ ライト・オピニオンリーダー　131

Part **III**

innovate "YOUR WORLD"

Chapter **7**　**Radical innovations**

ラディカル・イノベーションを生み出すために

1 ▸ 求められるラディカル・イノベーション　142
2 ▸ 革新の最重要ファクターとなる企業文化　149
3 ▸ 体現する中国ベンチャーの巨人たち　153

Chapter **8**　**Mind changes**

現状打開のマインド・チェンジ

1 ▸ 自分事化できるか否か　160
2 ▸ 面白さを探す、あるいは自ら創る　164
3 ▸ 「失敗」の認識を変える　167

4 ▸ 夢をロジカルに語る力　172
　　　5 ▸ ボーン・グローバルの自覚　177

Chapter **9**　Reborn

主義の破壊で飛躍する
187

　　　1 ▸ 目を曇らせる減点主義から、
　　　　　価値を高める加点主義へ　188
　　　2 ▸ 小さく削り取る完璧主義から、
　　　　　理想を叶える加点型の完璧主義へ　192
　　　3 ▸ 臆病な前例主義から、
　　　　　挑戦する前例更新主義へ　198
　　　4 ▸ 「上」が「下」を飛躍させる　203

　　　あとがき　211

　　　参考文献　219

　　　主要索引　221

Part I

know
"WORLD
INNOVATION"

Part **I** know **"WORLD INNOVATION"**

☑ Chap. **1** **5th stage**

☑ Chap. **2** **Chinese unicorns**

☑ Chap. **3** **Factful China**

Chapter **1**　5th stage

イノベーション競争の
フェーズ5を進む世界

　世界におけるイノベーション競争の流れを俯瞰して見てみると、第二次世界大戦以降を5つのフェーズに分けて捉えることができる。アメリカ一強のフェーズ1に始まり、日本が猛追を見せた米日二強のフェーズ2、日本が失速し再びアメリカ一強となったフェーズ3、中国が爆発的な成長を遂げて世界第2位に躍り出てくるフェーズ4、そして米中二強で世界のイノベーション創出を牽引するフェーズ5、ここが2019年の現在地となっている。

　日本のビジネスパーソンのなかには、フェーズ2の成功体験を忘れることができず、その幻影にしがみつき、その後の現実を直視できていない層が一定数存在する。他方、フェーズ2を知らないために、世界で強さを認められた日本ビジネスの姿や、世界で戦ううえでの日本ビジネスの強みをまったく理解できない若年層も一定数存在している。後者のなかには、日本を世界から切り離し、まるで鎖国時代に逆戻りしたかのように、日本国内で完結するビジネスにしか目を向けないタイプが少なからず含まれてしまっている。しかし、現代のビジネスは閉じておらず、世界と繋がっている。私たちは、世界の変化を追いかけ、次の変化を予測しながら、その流れのなかで自身が、そして自社が、どう勝ち上がっ

ていくのかを考え続ける必要がある。

　世界の変化に目を向ければ、いやでも2つの事実と向き合わざるを得なくなる。1つは、フェーズ4から本格化したA.I.（After Internet）型のデジタル・イノベーション競争において、日本は周回遅れに置かれている現状である。日本の消費者が、日常で利用している多くの「当たり前」を思い浮かべてみてほしい。それらの大半を生み出しているのは、日本企業ではない。スマートフォンはiPhone（Apple（アップル）／米）とAndroid（Alphabet（アルファベット）／米）、ECはAmazon（米）、検索はGoogle（米）だ。SNSは、Facebook（米）、Instagram（米）、Twitter（米）、LINE（韓）。エンターテインメントは、YouTube（米）、Netflix（米）、Amazon Prime（米）、Hulu（米）、TikTok（中）。海外企業が創り出したイノベーションの、日本語対応版ができるのを待って、数年遅れでイノベーションを輸入して受け入れているような状況がすっかり定着している。

　もう1つは、世界トップのアメリカに追いつけ、追い越せ、と猛烈な勢いで変革と成長を続ける中国の強さである。2010年の段階で、中国のGDP（Gross Domestic Product／国内総生産）は日本を抜き、世界第2位となった。その後も、社会主義ならではの強みと、国内ベンチャー企業群のハイパー・グロースを掛け合わせ、中国ビジネスの躍進は続いている。中国は、中国共産党による建国100年を迎える2049年までに、アメリカを抜いて世界のトップに立つという明確な目標を掲げている。フェーズ5の先に、中国の成長が継続していく未来があるならば、日本の「次の当たり前」の多くは中国から輸入されるようになっていることだろう。

　中国は、未だに自らを「発展途上国」と表現する。日本は中国を、BRICS（ブラジル・ロシア・インド・中国・南アフリカ）の枠のなかに入れて「新興国」と位置付けている。また、中国はビジネスの規模の観点から

は、世界第2位の「先進国」とも言える。この複雑な中国に対して、日本の大衆メディアやビジネスパーソンの多くは、すでにビジネス面で追い抜かれていっている事実を直視せずに、文化面を陰で笑うことで満足感を得ている。その構図は、ビジネスでははるかに先をいっているアメリカに対して、歴史的背景や文化面にすがって優位性を保とうとするヨーロッパとよく似ている。しかし、そうして相手を減点評価し、マイナス要素を探して自己満足をしていては、まともな競争も共創もできなくなってしまう。相手を客観的に捉え、加点評価で相手の強さやエクセレンスを認めることで、初めて適切な競争ができるようになり、手を組んで共創していく道も開けてくる。

中国は日本に対して、モノづくりに優れ、品質水準や安全性、納期遵守などにおいて世界トップの製造強国という評価を持ち続けている。まだまだ、日本の強さやエクセレンスを正当に認識してベンチマークし、自国に取り入れられる部分を吸収し、中国の製造分野における成長・発展に結び付けていっている。それに対して、日本はどうだろうか。

ここでは、世界の変化に目を向け、中国に焦点を当てていく。中国のビジネス、イノベーション、そしてそれらの担い手となっているベンチャーについて、しっかりとベンチマークし、分析し、学び、エクセレンスと課題を吸収していこう。自分自身の成長と変革のために、中国を知ろう。

1 ▶ 日本の猛追と失速のフェーズ2

イノベーション競争の移り変わりの大枠は、GDPの推移から見て取

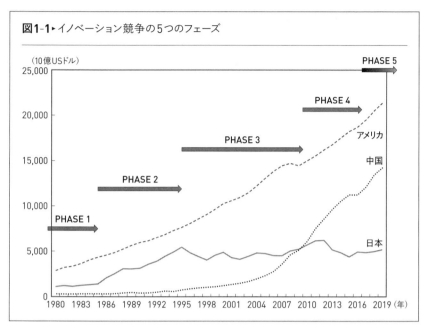

図1-1 ▶ イノベーション競争の5つのフェーズ

出典：International Monetary Fund The World Economic Outlook Databaseを基に筆者作成。

ることができる。GDPを人口で割った平均値である、1人当たりGDPは指標として誤解を招きやすい。「100と20」と「70と50」が、同じ「60」で表される平均値は信用しすぎるべきではない。中国の1人当たりGDPを見て、日本の方がまだ上だ、と安心しているとしたら、それは見当違いである。

　中国は、「省が変われば、別の国」と言われるほどに多様で、巨大である。特に、内陸部と沿岸部では、まさしく別の国と言えるほどの大きな違い、格差が存在している。グローバルなビジネスやイノベーションについて考える際には、内陸部を含めて過少になった平均値を見ていては、中国の実態を見誤ることになる。グローバルビジネスの舞台となっている沿岸部だけ、あるいは、イノベーション拠点である「北上杭深」

だけの平均値を見た方が適切である。ここでは、**図1-1**にあるように、GDPの推移に合わせて、イノベーション競争のフェーズを追いかけていこう。

フェーズ1は、第二次大戦後から長く続いていった、アメリカ一強の時代である[1]。アメリカのGDPは、1940年の2,000億ドルから、1950年に3,000億ドル、1960年には5,000億ドルへと右肩上がりに増え続け、世界最大の経済大国として独走していった。その成長の要因として、1つには、戦争を通じた産業発展があげられる。トランジスタやレーダー、半導体、コンピューターなどのエレクトロニクス産業をはじめ、石油化学産業、航空・宇宙産業、エネルギー産業といった防衛にかかわる様々な産業に対して、最高水準のヒト・モノ・カネが注ぎ込まれ、戦争を続けながら経済を発展させていった。コンピューター関連では、Remington Rand社、Burroughs社、NCR社、そしてIBM社などが飛躍を遂げていった。また、航空・宇宙産業では、Douglas Aircraft社やBoeing（ボーイング）社がプロダクトを進化させていくことになる。

また、フォード・システムに代表される大量生産システムを背景に、自動車やバイク、家電などの加工組立型産業の発展も著しかった。大企業の規模拡大、フランチャイズ制度の普及、多角化経営、企業のコングロマリット（複合企業）化と多国籍化が進み、「黄金の1960年代」と呼ばれる成長を続けた。1970年代に入ると、ドイツと日本の製造業が躍進を遂げ、2度のオイルショックも相まって、多くのアメリカ企業が苦難のときを迎えることになる。そのため、1980年代には事業の選択と集中が行われ、GE（ゼネラル・エレクトリック）、Intel（インテル）、IBMなど多くの大企業が低収益・低成長事業を撤退・売却し、コアコンピタンスを発揮できる事業の発展に専念していった。

1975年時点の世界市場において、化学の30％、電子機器の50％、製

薬の60%、コンピューターの90%、航空・宇宙の90%をアメリカの主要企業が占めていた。インテルが生み出した、プログラムで制御可能な初のマイクロプロセッサ「Intel 4004」や、アップルの初めてのヒット商品となった、個人向けの大量生産・販売のパーソナル・コンピューター「Apple II」など、数多くのイノベーションがアメリカから生み出されていった。

次に訪れたのが、日本がアメリカを猛追した米日二強のフェーズ2である[2]。トヨタ生産方式に代表される「Made in JAPAN」のモノづくりが飛躍し、安価で耐久性に優れ、高品質な自動車や家電、半導体が世界を席巻していった。トヨタのカローラ、ソニーのWalkman、任天堂のファミリーコンピュータやゲームボーイをはじめ、テレビ、ビデオデッキ、パソコンなど、日本製のプロダクトが世界で飛ぶように売れた。1ドル240円台という円安によって、日本は世界最大の貿易黒字国として驚異的な成長を続け、瞬間最大風速ではアメリカを追い抜くほどの経済成長とイノベーション創出を実現した。

1989年（平成元年）、世界の時価総額ランキングのトップ10は、NTT（日本電信電話）（日）、日本興業銀行（日）、住友銀行（日）、富士銀行（日）、第一勧業銀行（日）、IBM（米）、三菱銀行（日）、Exxon（エクソン）（米）、東京電力（日）、Royal Dutch Shell（ロイヤル・ダッチ・シェル）（英）、と日本企業が世界を圧倒していた。上位50社のうち、じつに32社を日本企業が占める時期が、確かに存在していたのである。

しかし、日本の勢いは、バブル経済の崩壊とともに急速に失速していくことになる。1985年のプラザ合意によって円高ドル安が強制的につくられると、日本企業の輸出力は抑制され、それによって円高不況が生じた。その救済のために、政府による大規模公共投資と日本銀行による超低金利政策が実施されると、今度は内需主導の好景気が導かれていっ

た。そこで過剰なまでに膨張した株価と資産価値は、不動産融資総量規制と公定歩合の引き上げによって、一気にはじけた。実体から乖離した高値の不動産や株は次の買い手を失い、投資目的で多額の資金を借りていた企業は一斉に倒産へと追い込まれ、宙に浮いた不良債権によって多くの銀行の経営も悪化していった。ボーナスの減少やリストラによって消費も一気に落ち込み、日本の経済成長はバブルの崩壊とともに泡と消えた。

バブル崩壊以来、経済成長とイノベーション創出がストップした日本は、平成時代という「失われた30年」を過ごしていった。30年後の2019年、世界のトップ50社にランクインしている日本企業は、トヨタ自動車のわずか1社にまで落ち込んでいる。確かに、「Japan as No.1」と世界から呼ばれた奇跡のフェーズは存在した。しかし、同じく確かに、現在はそうではない。「日本はすごかった」は正しいが、「日本はすごい」は正確ではない。2020年の東京オリンピック開催に向け、日本のすごさを誇張してアピールするメディアが増えている時期だからこそ、客観的に日本の現在地を確認しておく必要がある。フェーズ2は、日本がNo.1の栄光を掴みかけ、その座から転落し、今なお尾を引く栄光の幻影を生み出した、光と影の時代だった。

2 ▶ 中国が爆発的成長を遂げるフェーズ4

日本のバブル崩壊に伴い、世界は再びアメリカ一強のフェーズ3に入る[3]。フェーズ3は、IT革命の時代である。1990年前後から普及が始まったインターネットによって、急速にICT (Information and

Communication Technology）が社会のインフラとなっていった。それに伴い、ICTにまつわるイノベーションが、IBMやMicrosoft（マイクロソフト）、アップルといったアメリカ企業から生み出された。IT革命を土壌として、1995年にAmazon.com（アマゾン・ドット・コム）、1998年にGoogle（グーグル）、2004年にFacebook（フェイスブック）、といったベンチャー企業（Start-ups）が次々と誕生し、2000年代の経済成長とイノベーション創出の牽引役となった。

　フェーズ3では、Google、Amazon、Facebook、Appleの「GAFA」と呼ばれていくことになるメガ・ベンチャー群が、2019年時点における「世界の当たり前」となったイノベーションを次々に誕生させていった。特に、iMac、iPod、iPhone、iTunesと継続的にヒット商品を生み出していったアップルの躍進は特出していた。GAFAの他にも、PCのOS「Windows」とビジネス用ソフト「Microsoft Office」のマイクロソフトや、サードプレイスを売りとするコーヒー・チェーンのStarbucks（スターバックス）、動画共有プラットフォームのYouTube、月額制映画配信サービスのNetflixなど、「世界の当たり前」になるイノベーションの数々が、この時期のアメリカから生み出された。

　アメリカにおいて、ITやネット・ビジネスに特化したメガ・ベンチャーが成長していく傍ら、日本と入れ替わる形で、世界第2位の経済大国として、中国が爆発的な成長を遂げていくのがフェーズ4である[4]。中国は段階を経て、フェーズ4の成長を創り出した。中国は、市場経済の導入を進める改革開放路線のもと、1980年代から国内経済の中心を第一次産業（農水産業）から、第二次産業（製造業）と第三次産業（サービス業）へと移行させていった。それまで中国には目立った民営企業は存在せず、国有企業が経済の主役となり、政府による完全なコントロール下で、鉄鋼や石炭、紡績などの産業が進められていた。国有企業は、政府

の国有資産監督管理委員会によって管理され、設立から運営、上場、売却までのすべてに国が関与する。特に、国防の根幹にかかわる、石油、化学、電力、通信、航空、鉄鋼、自動車、海運、軍事などの分野は、現在でも国有企業が主力を担っている。

　改革開放以降、依然として国有企業が経済の主役ではありつつも、民営企業の活躍が容認されるようになり、成長を遂げるプレーヤーが増えていった。1984年にはハイアール（海尔集団）とレノボ（聯想集団）が誕生し、両社はそれぞれ、白物家電とパソコンにおいて世界有数のプレーヤーへと成長していく。1990年代に入ると、日本やアメリカ、ヨーロッパなどの先進国の企業から、生産ラインや製造技術を導入してもらうことで、先端技術を一足飛びに吸収するようになっていった。例えば、高速鉄道技術は、ドイツのSiemens AG（シーメンス）や日本の川崎重工に車両製造を発注し、その見返りとして技術提供を受けた。

　広大な土地と安価な労働力、緩やかな規制といった条件から、中国には外資企業の生産拠点が集まり、「世界の工場」として成長を遂げた。先進国企業の技術やプロダクト、ビジネスモデルをいち早く模倣し、「コピー大国」と揶揄されながらも、圧倒的な規模の経済性を発揮することで成功を収めた。こうした、海外における成功事例の情報収集に長け、まずは徹底的にベンチマークして模倣から始め、その先にオリジナルの価値を生み出していく中国企業の姿勢は、デジタル・イノベーション創出の主体となるフェーズ5に脈々と通じる中国の強みとなっている。

　2000年代に入ると、中国国内の賃金高騰・市場飽和によって、従来の「世界の工場」から、より高付加価値なビジネスへの脱皮が、求められるようになった。2004年、中国政府は「自主創新（自主イノベーション）」を国家戦略として明言し、「世界の工場」としての限界を受け入れ

て、次の飛躍のための研究開発を活発化させていくようになる。「走出去（海外進出）」や「創新（イノベーション）」が奨励され、オリジナルの価値を追求する企業が増えていった。この頃から、現在の中国の経済成長とイノベーション創出を牽引するバイドゥ（百度）・アリババ（阿里巴巴集団）・テンセント（騰訊）・ファーウェイ（華為技術）の「BATH」と呼ばれるメガ・ベンチャー群が飛躍を遂げていくことになる。

　2013年には、更なる国家戦略として「一帯一路」が策定される。これは「現代版シルクロード」とも呼ばれ、陸路で中国から中央アジアを経て欧州までつながるシルクロード経済帯（一帯）と、海路で東南アジア・インド・アフリカ・中東を経て欧州へ届く海上シルクロード（一路）という2つのルートに沿って、インフラ開発、地域発展、地域連携を進めていくものである。ルートの周辺国と中国が、貿易やインフラ整備、文化交流を通じて発展していく活動が進められており、特に発展途上国を中国と共存共栄させることによって、中国経済圏の拡大が図られている。アリババやテンセントは、この「一帯一路」においても先頭を走っており、ASEAN（東南アジア諸国連合）との結びつきを強めていっている。アリババは、シンガポールのEC企業のLAZADA社の買収、インドネシアのEC企業のTokopedia社への出資のほか、タイ・インドネシア・マレーシア・ベトナムの政府との連携も進めている。テンセントは、タイのオンラインポータル最大手のSanook社の買収や、同じくタイのデジタルコンテンツ企業のOokbee社との資本提携、インドネシアの配車アプリ企業のGO-JEK社への出資などを精力的に進めている。

　「改革開放」以来、1980〜2010年まで、中国は年率10％以上のGDPの高成長を続けていたが、2010年以降は一桁台に落ち着きを見せた。そこで、長く続いた高度成長期から、中程度の安定成長の「新常態」へと転換し、より質と効率を重視する方針へと軌道修正されていくことに

なる。それが、2015年に掲げられた「大衆創業、万衆創新（大衆の創業、万人のイノベーション）」である。起業とイノベーションの「双創（2つを創り出す）」政策を進め、政府は研究開発とイノベーションを奨励し、中国は工場拠点からR&D拠点へ、そして世界のビジネスの中心地の1つへと変貌を遂げた。

特に、2010年代から起こっている、Artificial Intelligence（以後、AI／人工知能）、Internet of Things（以後、IoT／モノのインターネット化）、ロボット、フィンテック、ブロックチェーン、仮想通貨といったデジタル・イノベーションが進む第四次産業革命におけるキープレーヤーとして、中国はアメリカに並ぶ存在になりつつある。文部科学省科学技術・学術政策研究所によると、2013～15年における「世界に注目される論文数の国別割合」では、第1位は、10年前から変わらず、アメリカが28.5%を占めている。第2位は、10年前の6位からジャンプアップした中国で、15.4%。日本は、10年前の4位からダウンし、第9位の3.1%だった。このランキングは、2016年には、第1位が中国（18.6%）、第2位がアメリカ（17.8%）へと逆転している。

また、2013～15年における「科学研究で米国が選ぶ共同研究相手国」というデータを見てみると、アメリカがパートナーに選んだのは、化学で中国1位（日本6位）、材料科学で中国1位（日本5位）、物理学で中国2位（日本6位／ドイツ1位）、計算機・数学で中国1位（日本13位）、工学で中国1位（日本9位）、環境・地球科学で中国1位（日本9位）、臨床化学で中国3位（日本9位／イギリス1位、カナダ2位）、そして基礎生命科学で中国1位（日本8位）、という結果になっている。

フェーズ4における中国の躍進は目覚ましく、研究開発においては、世界トップだったアメリカに並び立ちつつある。そもそも、中国には14億人もの国民が存在する。優秀な人材が輩出される割合に大差がな

ければ、中国からはアメリカの4倍、日本の14倍もの人材が出てくることになる。実際、中国からは、毎年、アメリカの10倍、日本の15倍のエンジニアが輩出されている。そして、中国のビジネスパーソンは新しく価値がある情報に敏感で、貪欲であり、成長速度が早い。フェーズ4を経て、中国はもはやコピー大国ではなく、イノベーション大国への道を突き進んでいる。

3 ▶ 米中二強のフェーズ5

　現在進行形で進んでいるのが、米中二強でイノベーションを牽引するフェーズ5だ[5]。中国が成長の継続・発展に向けた政策を打ち続け、特定分野ではアメリカを追い抜いていっている米中二強時代である。そして、中国のバブル崩壊という地雷を認識したうえで、中国がアメリカを超える中米二強時代という未来も見えている。

　2016年、アメリカの専門誌『Wired』では、「アメリカが中国をコピーする時代が到来した」と銘打ってシャオミ（小米科技）のスマートフォンを取り上げた。また、経済誌『Forbes』では、「モバイル分野をはじめ、多くの分野において中国はアメリカの先をいっている」と言われるようになった。2017年には、アリババの決済サービス「Alipay」の決済処理能力がピーク時に毎秒25.6万回を記録した。これは、世界標準とされてきたVISAカードやマスターカードの決済能力である毎秒6万回を大きく凌駕しており、技術力においても世界をリードする分野が増えてきている。

　中国は、GDPにおいて、2010年に日本を追い抜き、楽観的な予測

では2023〜27年にアメリカを抜くという見立てもある。国主導による数々の経済政策、新たな起爆剤として続々と立ち上がってくるベンチャー企業群、そして4億人を超える中間所得層による旺盛な購買力を背景に、中国共産党の創立100周年にあたる2021年には、あらゆる分野で日本を抜いてアジアのトップに立ち、建国100周年の2049年には、あらゆる分野でアメリカを抜いて世界のトップへ昇りつめる計画を立てている。

　その計画の実現に向けて、「新常態」として中程度の安定成長と、産業の更なる高度化を推し進めている。「大衆創業、万衆創新」でベンチャー起業とイノベーション創出を強力に推進し、「中国製造2025」では製造分野での成長を進めている[6]。また、「互聯網＋（インターネット・プラス）」では、あらゆる産業におけるデジタル技術の活用を促進させている。製造業、農業、環境保護などの広い領域において、産業構造の転換と生産性の向上、電子商取引やフィンテックの迅速な発展が進められている。また、健康医療、教育、交通においても、インターネットの応用を促し、ネットワークの更なる普及と、クラウドコンピューティング、IoTなど次世代インフラの整備、AIの産業化を奨励している。それらの実現に向け、体制面の障害を取り除き、公共データのオープン化の進展と、新情報システムや関連法整備が進められていっている。

　特に、デジタル・イノベーションの領域において、中国は緩やかな規制環境と、官民による潤沢な投資資金が整っており、世界最大のイノベーション実験場となっていっている。中国政府は、新しいことはまず自由にやらせてみて、問題が起きた段階で規制を検討する、という姿勢を堅持している。また、新サービスを生み出すために企業が有効活用したい、ライフスタイルや購買行動に関する個人情報の収集と利用のハードルが、中国では、欧米や日本と比べてずっと低い。そのため、中国は

イノベーション創出のためのトライアンドエラーが許容されている場所として、国内ベンチャーはもちろん、世界中の企業が、新しいプロダクトやビジネスモデルを創り出す拠点を設置するようになっている。

オランダに本拠を構える、ヨーロッパ最大の航空会社のAirbus SE（エアバス）社は、シリコンバレーに続く2カ所目のイノベーション・センターを深圳に開設し、4人乗りのエアタクシーの研究開発を進めている。同社CTO（Chief Technology Officer／最高技術責任者）のPaul Eremenko氏は、「近い将来やってくる我々の革命的なビジネスは、中国が起点になる」[7]と明言している。ドイツ大手の自動車メーカー、Volkswagen AG（フォルクスワーゲン）社は、北京で量子コンピューターを用いて、タクシーのビッグデータを活用した交通ルートの最適化の実証実験に取り組んでいる。他にも、ソーラーパネルからの電力供給や、車両の自律走行、センサー、構造物保全のための監視システムなどを兼ね備えた道路「スマートハイウェイ」の開発が各国で進められているが、2017年12月には、その時点において世界最長となる5,875㎡規模のスマートハイウェイが中国東部の山東省に開設された。

アメリカのEV（電気自動車）ベンチャーであるTesla（テスラ）社は、海外初となる工場を上海に建設している。大規模工場の生産目標は年間50万台とされており、2018年時点でのアメリカ国内における生産台数の5倍の規模となっている。中国国内でのサービス展開が制限されているにもかかわらず、グーグルはアジア初のAI研究センターを北京に設立している。同様に、Facebook（フェイスブック）社は、中国国内では利用できないFacebook上に烏鎮（ウーチン）サミットの公式ページを開設し、約70万人のフォロワーを獲得した。フェイスブックの創業者であるMark Zuckerberg氏（現、会長兼CEO）は、2014年、清華大学経済管理学院の顧問委員会の委員に就任し、人材育成や中国企業の海外進出に協力する活

動に従事している。このように、世界の大企業とメガ・ベンチャーが、市場として、R&D拠点として、中国との接点を持ちたがっている。

一方、順風満帆に思える中国の成長を脅かす、国内外の脅威も出てきている。国外の脅威は、アメリカによる経済制裁措置である。2018年3月、アメリカは中国に対して、知的財産権侵害に対する制裁という名目で、輸入品の自動車や半導体など818品目、340億ドル相当を対象に、25％の追加関税を発動した。これを受け、中国も、アメリカからの輸入品の大豆・牛肉・自動車など計545品目、340億ドル相当に25％の追加関税をかける対抗措置で応じている。その後も追加関税の対象と額は拡大を続けており、米中間の貿易関係は泥沼化の一途をたどっている。中国の個別企業もアメリカから狙い撃ちされており、中国の通信機器大手のZTE（中興通訊）社やファーウェイ（華為技術）社の製品排除という強硬措置が取られている。アメリカの一連の対応は、「そこまでしなければ、もはや中国の勢いは止められず、このままでは追い抜かれてしまう」と認めているに等しい。

国内のリスクとしては、1つには経済成長の鈍化があげられる。2018年のGDP成長率は6.6％で、1990年以来、28年ぶりの低水準となった。物価の上昇が続いており、購買力の伸び悩みも顕著となってきている。中国はいまや世界最大の自動車市場となっているが、2018年の新車販売台数は、こちらも28年ぶりに前年割れの前年比2.8％減となった。こうした現状に対して、「新常態」として進めている各種政策が、どこまで狙いとおりの成果をあげることができるか、が今後の中国を左右することになる。

また、確実な未来として、中国には超高齢化社会が到来する。中国では人口抑制のため、1979年から2015年まで「一人っ子政策」、その後は緩和して「二人っ子政策」を取ってきた。2017年からは2年連続で出

生数が減少しており、2019年時点での人口の13.95億人は、2050年には13.75億人と、増えることなく微減の予想がされている。しかし、人口の構成比率は激変する。2015年時点での60歳以上のシニアの割合は16.8％だったが、これが2050年には45.4％に激増してしまう。労働人口の減少は避けて通れなく、それゆえにAI、IoT、ロボットによる生産性の向上と、工場のオートメーション化が重点領域に指定されている。ただし、超高齢化社会は、世界最大のシニア向けビジネスのマーケットが生まれることも意味しており、シニア向けの日用品や介護機器・サービス、未だ文化として受け入れられていない老人ホームなどのビジネス・チャンスが中国国内に生じる、と前向きに捉えることもできる。

註

1 ── 橋本（2001）、AMERICAN CENTER JAPAN「米国の歴史の概要──戦後の米国」、およびZD NET Japan「1970年代が生んだイノベーション10選」を参照。橋本輝彦（2001）「1960〜80年代アメリカ大企業の動向──A.D.チャンドラーの分析について──」『立命館経営学』、40（1）、1-29。（https://americancenterjapan.com/aboutusa/translations/3491/）、（https://japan.zdnet.com/article/35065152/）

2 ── DIAMOND online「昭和という「レガシー」を引きずった平成30年間の経済停滞を振り返る」を参照。（https://diamond.jp/articles/-/177641）

3 ── 村元・永井（2018）を参照。村元康・永井竜之介（2018）『メガ・ベンチャーズ・イノベーション』千倉書房。

4 ── 徐（2015）、此本 他（2016）、李（2018）、沈（2018）、中林・小宮（2018）、およびForbes JAPAN「ジム・ロジャーズの提案「子供が15歳なら韓国語、1歳なら中国語を学ばせなさい」」を参照。徐方啓（2015）『中国発グローバル企業の実像』千倉書房。此本臣吾・松野豊・川嶋一郎（2016）『2020年の中国「新常態」がもたらす変化と事業機会』東洋経済新報社。李智慧（2018）『チャイナ・イノベーションデータを制する者は世界を制する』日経BP社。沈才彬（2018）『中国新興企業の正体』KADOKAWA。中林優介・小宮昌人（2018）「ASEANにおけるスタートアップの成長・イノベーションをいかに取り込むか」『知的資産創造』、野村総合研究所、2018年6月号、38-47。（https://forbesjapan.com/articles/detail/25745）

5 ── 李（2018）、近藤（2018）、三井物産戦略研究所「中国スタートアップ勃興の

背景」、現代ビジネス「60歳以上が5億人に…！「超高齢大国」中国の未来がヤバすぎる」、JETRO「中国、対米追加関税賦課第3弾を9月24日から実施」、Forbes JAPAN「中国の新車販売、28年ぶりの「減少」で見えた曲がり角」、TechCrunch「世界初のスマートハイウェイが中国に建設されるであろう理由」、およびCNN「米テスラ、上海工場建設に着手　中国でのEV生産拠点に」を参照。李智慧（2018）『チャイナ・イノベーション――データを制する者は世界を制する』日経BP社。近藤大介（2018）『未来の中国年表――超高齢大国でこれから起こること』講談社。（https://www.mitsui.com/mgssi/ja/report/detail/__icsFiles/afieldfile/2018/06/14/180221i_fujishiro.pdf）、（https://gendai.ismedia.jp/articles/-/56274）、（https://www.jetro.go.jp/biznews/2018/09/9d70329956f539ab.html）、（https://forbesjapan.com/articles/detail/26329）、（https://jp.techcrunch.com/2019/01/29/2019-01-24-why-the-worlds-first-smart-highway-will-most-likely-be-in-china/）、（https://www.cnn.co.jp/business/35130966.html）

6 ──中国のベンチャー起業、イノベーション創出にかかわる施策については、第II部 第4章「革新を活性化させるベンチャー起業」にて詳しく後述。

7 ──三井物産戦略研究所「中国スタートアップ勃興の背景」より引用。（https://www.mitsui.com/mgssi/ja/report/detail/__icsFiles/afieldfile/2018/06/14/180221i_fujishiro.pdf）

Chapter 2 Chinese unicorns

中国ユニコーンの Get "Too" Big Fast

　中国経済の成長は、無数のベンチャー企業群によって牽引されている。ベンチャー企業（Start-ups）とは、「短期間で、急激な事業成長と規模拡大を狙う中小規模の新興企業」[1]であり、生まれながらに「Get Big Fast（早く、大きく）」を志す存在である。中小企業が中小規模のビジネスで健全に利益をあげていく存在であるのに対して、ベンチャー企業は一定の赤字を前提としてビジネスを急拡大させていく。アーリー段階のベンチャーにとって、コストの7～8割は人件費が占める[2]。そこで利益を出そうとして、人員を絞ってコストを下げていたら、マンパワー不足で急成長は望めない。その時点での売上では分不相応な、過大な投資と人材確保を行っていくことで初めて、ハイパー・グロース（超成長）を実現できるようになる。ベンチャーにとって利益と成長はトレードオフの関係にあり、赤字分をVC（Venture Capital）などからの資金調達で補填し、ある意味で、VCの存在ありきで走り続ける。そしてVCも、利益よりも成長速度を重要視し、可能性に賭けてベンチャーに投資していく。

　ベンチャーのなかでも、創業から10年未満に10億ドル（約1,100億円）以上の企業価値へと成長を果たす未上場企業は「ユニコーン」と呼ばれる。もともとは滅多に現れない存在として伝説上の動物の名を付けられ

ていたが、いまやユニコーンは決して珍しい存在ではなくなっている。2019年2月時点、アメリカのリサーチ機関（CB insights）によると、世界には310社ものユニコーンが存在しており、そのうちアメリカに151社、中国には82社が確認されている[3]。しかし、正確な情報が開示されにくい中国には、すでにアメリカを上回り、200社に迫るユニコーンがいるとも言われる。その数が、あながち嘘に思えないほど、中国ベンチャーの「Get Big Fast」は異常な早さと大きさになっている。

　ここでは、中国ビジネスの主役に躍り出ているユニコーンについて取り上げていく。日本を代表するユニコーンだった（2018年にIPO（Initial Public Offering））株式会社メルカリのGet Big Fastを知ったうえで、いかに中国ユニコーンが規格外かを実感してもらいたい。シェアサイクル・ビジネスのモバイク（摩拝単車）とofo（小黄車）、そしてコーヒー・チェーンのLuckin Coffee（瑞幸珈琲）を事例として、中国ユニコーンの特殊性を説明していこう。

1 ▶ メルカリのGet Big Fast

　株式会社メルカリは、山田進太郎氏（現、同社会長兼CEO（Chief Executive Officer／最高経営責任者））によって2013年に創業された[4]。山田氏は、大学卒業後の2001年にまずウノウ株式会社を起業し、映画情報サイトの「映画生活」、写真共有サービスの「フォト蔵」、ソーシャルゲームの「まちつく！」などのサービスを展開した。2010年にウノウを、アメリカのZynga（ジンガ）社へバイアウトすると、ジンガ・ジャパンのジェネラルマネジャーを2年間務めたのち、半年間の世界一周旅行へ行き、そ

の帰国後に立ち上げたサービスがメルカリだった。

　山田氏は、学生時代に楽天株式会社のインターンに参加し、オークション・サービスの立ち上げにかかわった経験から、消費者同士をつなぐC2C（Consumer to Consumer）事業の面白さを感じていたという。また、「ガールズオークション」というサービスのコンサルティングをしていたこともあった。その際に、多くの消費者が、まだ不自由なガラケーで、定額制がないために高額な通信料を払ってでも、売買を楽しんでいる姿を見ていた。パソコンは1人1台のガジェットにはなれなかったが、スマートフォンは1人1台になるため、消費者ひとりひとりの繋がりは飛躍的に高まっていくと、山田氏は考えていた。そうした原体験やニーズから、「ヤフオク！」や「フリル」といった既存ライバルがいるなかで、フリマアプリ「メルカリ」をスタートさせていった。

　「いつでも、どこでも、すぐ出品できて、すぐに売買ができる」を実現させたメルカリは、サービス開始当日の取引件数は16件、金額にしてわずか2万円程度だった。それが、5年後には1日当たりの流通総額で5万倍の、10億円を超えるまでに急激な成長を果たしている。この流通総額の10％の手数料が、メルカリの売上となる。サービス開始から5年で、出品数は累計10億件、取引件数は2億8,000万件を突破した。フリマアプリ「メルカリ」は、2019年3月末の時点で、ダウンロード数7,100万人、月に1回以上アプリを利用するMAU（Monthly Active Users）は1,000万人を超えている。さらに、既存のメインユーザーは20代、30代の女性だが、新たに30代、40代の男性をターゲットとして顧客層の拡大を進めている。ゴルフ用品やカメラなど、取引単価の高い層を取り込んでいくことで、更なる成長を見込んでいる。

　しかし、同社の2018年7〜12月期の連結決算を見てみると、売上高237億円で、営業損益は36億円の赤字となっている。前述のとおり、国

内事業は順調に伸び続けており、売上高は前年同期比43.2%増の220億円、営業利益も24.3%増の44億円を果たしている。国内の黒字を帳消しにするだけの赤字を生み出す原因となっているのは、アメリカ事業やモバイル決済サービス「メルペイ」などへの積極投資だ。山田氏は、メルカリは短期的な利益を追う段階には未だ入っておらず、「ゴールは短期的な収益を高めることではなく、中長期的に成長すること。いつまでに黒字化できるか明言できない。国内外で積極的に投資していく」と明言している[5]。

例えば、同社では国内事業の更なる成長のために、AI（Artificial Intelligence）を活用した取引の簡略化を進めている。AIを用いて、出品物のバーコードや表紙を撮影するだけで商品情報をアップロードできるようにしたり、撮影した画像から出品物の重さを推計できるようにしたり、といった手間の削減を図っている。最終的には、写真を撮るだけで出品が完了する形の実現を目指しているという。こうしたAI開発の強化のためには、高度なスキルを持った人材への投資が不可欠となる。同社のグループ全体の従業員数は、2018年9月末〜12月末にかけて280人以上が増強され、1,639人となっている。2019年6月まで従業員数は増やし続ける予定であり、それだけ人件費が増えていくことを意味している。

一方、新規事業開発に関して、同社は見切りの早い意思決定をしてきた。商品買い取りの「メルカリNOW」は、スタートから9カ月で打ち止めとした。ブランド品特化の「メルカリメゾンズ」、個人スキル売買の「teacha」、地域コミュニティアプリの「メルカリアッテ」などのサービスも早期に休止させている。一時は重点領域にあげていた旅行サービスの「メルトリップ」や、海外事業の1つであるイギリス事業からも撤退している。しかし、アメリカ事業への投資は特別視し、長期的な投資

を敢行している。

　アメリカ事業への投資には、メルカリを全世界で使われるプラットフォームにしたい、という強い思いがある。山田氏は、「世界の縮図であるアメリカで成功できたインターネットサービスが、世界中で使われる可能性が高い」と述べている[6]。逆に言えば、アメリカでは受け入れられずに、それ以外のすべての国で利用されているサービスはほとんどない、ということになる。メルカリの企業ミッションには、「新たな価値を生み出す世界的なマーケットプレイスを創る」と、世界という単語が明記されている。だからこそ、山田氏は「世界に出なかったら、そもそも会社が存続する意味が無い」[7]とまで言い切っている。同社の社員は、世界にビジネスを広げることを前提に入社しており、同社に資金を提供しているVCや投資家までを含め、全員で世界に挑戦し続ける意思を固めている。そのために、アメリカ事業は早期に諦めることなく、月間の流通総額1億ドルを達成できればアメリカ事業の黒字化は見えてくるとして、C2Cのネットオークション最大手であるeBayに対抗していく姿勢を強く保っている。

　国内では、新たに決済サービスの「メルペイ」をリリースし、メルカリ利用との好循環を設計して、事業の更なる活性化を進めていっている。既存国内事業のプラスはさらに伸ばし、新規アメリカ事業のマイナスは早期にゼロを目指す。連結での黒字化への道筋を作りながらも、メルカリはまだまだ「Get Big Fast」を優先して走り続けている。

2 ▶ シェアサイクルの Get "Too" Big Fast

　中国のベンチャー企業は、日本のメルカリ、あるいはアメリカのベンチャーと比較しても、「Get Big Fast」を際立たせた成長を遂げている。「早く、大きく」があまりに急激すぎる、「Get "Too" Big Fast」の道を突き進んでいる。中国のユニコーン企業であるofo社とモバイク社によるシェアサイクル・ビジネスの爆発と終焉は、この言葉を体現したものとなっている[8]。

　2社によるシェアサイクルは共に、スマホアプリと決済システム、GPSデータを組み合わせ、「だれでも、どこでも、いつでも、安く、簡単に、自転車を使えて返せる」を実現するサービスとして、中国国内で爆発的に普及していった。ユーザーは、事前にアプリをダウンロードしておけば、自身の位置情報の周辺にある空き自転車を地図上で確認することができる。地図上の自転車アイコンをタッチすれば、予約は完了。予約状態は15分間続くため、その間に場所へ行き、自転車のバーコードをスマホで読み取れば、自転車のロックが解除されて利用できるようになる。運転して目的地に到着したら、近くの駐輪用スペースに自転車を置き、ロックをかければ自動で利用終了となり、自動決済された料金や走行距離、消費カロリーなどの情報が通知される。時間貸しで、お店で借りて、またお店に返しに行くレンタル自転車とは大きく異なり、「街中にあるモノを自由に使えて、使い終わったら置いていく」感覚である。社会に共有されているプロダクトを利用する、「シェア」を体感できるサービスになっている。

　ofoは、2014年、北京大学の学生だった戴威氏によって、大学キャン

パス内で学生の中古自転車を集めて共同で使えるようにしたところがスタート地点となった。このサービスが大学200校で利用されるまでに広がり、2016年からは範囲を大学の外へと拡張し、都市部でのシェアサイクル・ビジネスを開始した。一方、モバイクは、2015年に雑誌記者をしていた胡瑋煒氏によって創業され、こちらは最初から街中を対象に、2016年4月から上海でサービスを始めた。この2社がリーダーとなり、シェアサイクル市場は数百社が参入していく激しい競争市場として急成長していった。

ofoは2016年に5回と2017年に3回、モバイクは2016年、2017年に4回ずつ投資を受け、調達額は両社ともに1,000億円を超えていたとされている。2社以外への投資を含め、シェアサイクル・ビジネスには計5,000億円以上の資金が流れたと考えられている。その途方もない資金力を活用し、各社は何よりもまず、自転車の数を増やすことに注力した。シェアサイクルは、利用可能な自転車の台数が増えるほど、ユーザーの利便性は高まるからだ。各社競い合うように、100万台単位で自転車をメーカーに発注していき、北京や上海、杭州、深圳などの大都市を中心に、街中に自転車が大量配置されていった。各都市に設置された自転車は計3,000万台を超え、2015年末には250万人だった登録ユーザーは、2016年末には2,000万人、2017年末には2億人へと跳ね上がっていった。

しかし、同時に、サービスのマネジメントに関するトラブルが多発していった。まず、駐輪用スペースを守らない放置自転車が山のように出た。各社は自前の自転車整理の専門人員を配置したが、対応はまったく追いつかず、膨大なコストだけが垂れ流されていった。放置自転車には批判が殺到し、上海市政府は2017年8月18日付で、新たなシェアサイクルの自転車設置を禁止する措置を発令した。これに続いて各地の行政

でも強制的に車両を排除したり、台数を制限したりする措置が取られるようになり、その結果、シェアサイクルの利便性は大きく低下することになった。また、自転車のメンテナンス状態も深刻な問題となっていった。自転車には、通常の使用による単純な故障のほか、しばしば意図的な破損が起こされた。また、常に街中に置かれるため、汚れも溜まっていく。かごが錆びていたり、タイヤがパンクしていたり、あるいはかごがゴミ箱状態になってしまっている自転車が多発した。こうした自転車の点検、修理、清掃にかかわるメンテナンスには、多額のコストが必要となる。モバイクは、自転車1万台あたり50名のメンテナンス人員を用意したというが、この対応も追いつかず、ユーザーは、まず自転車が問題なく乗れる状態かどうかを探し回る必要があるようになってしまい、利便性はさらに失われていった。

　一方で、ユーザーの支払う利用料金は1回あたり1、2元（17〜34円程度）と安い。モバイクのGPS付き自転車の製造コストは1台当たり1,000元（17,000円）程度と考えられ、車両コストの回収だけでも相当の時間を要することになる。シェアサイクル・ビジネスでは、ユーザーの利用料金の他、利用登録時に預かる保証金、自転車に掲載する企業広告費、そしてユーザーの個人情報や移動傾向のビッグデータ活用、などを収入源として見込んでいた。しかし、保証金に関しては、中小シェアサイクル事業者の倒産と保証金未返金が続いたことでユーザーの不信感が高まり、モバイク、ofoともに途中から保証金不要に方針転換しなければユーザーを獲得できなくなってしまった。広告収入は、自転車が放置されていたり、メンテナンス不備で汚れていたりすると、広告イメージまで悪化してしまうと判断されるようになり、広告媒体としての価値が低下していった。さらに、2017年頃から中国社会における個人情報流用に関する抵抗意識が急速に高まり、ビッグデータ活用も有効に進められ

なかった。

　サービス開始当初、モバイクの共同創業者である王暁峰氏は、中国の経済誌『財経』のインタビューで、収益化に関して次のように答えている。

　　「もし我々が30％の利益率があるなら、どうして投資家を探さなければならないのか。なぜ投資家と利益を分け合う必要があるのか。我々がひたすら投資家を探し続けているのは、つまるところ明確な利益モデルがないからだ。誰かお金を出して、我々に生き残って発展するチャンスをください。とにかく誰よりも速く走って、利益をあげる方法はその後で一緒に考えましょう。創業の段階でいま利益の話をするのは早すぎる。」[9]

　結果的には、この発言のとおり、シェアサイクル・ビジネスは収益化の手段を自力で見つけ出すことができずに、中小事業者は倒産が相次ぐことになった。モバイクも、2018年4月、創業者や投資家たちの有する全株式を、別の中国ユニコーンの美団点評社に売却した。ofoは、過剰だった自転車の数を適正化し、収益性の低い海外事業などを撤退して、自力での生き残りの道を模索しているが、時価総額はピークの半分以下へと落ち込んでいる。

　シェアサイクルは、移動の一選択肢として定着はしたものの、移動の概念を変えて社会問題を解決する、といった当初謳われていたインパクトは、わずか2年ほどで消え去ってしまった。古代中国の四大発明「印刷、製紙、羅針盤、火薬」にならった新四大発明として、2017年に若者の投票で選出されたものは、「高速鉄道、ネットショッピング、Alipay（支付宝）、シェアサイクル」だった[10]。しかし、2019年に同じ投

票をした場合には、シェアサイクルが選ばれることはないだろう。

3 コーヒー・チェーンの Get "Crazy" Big Fast

　モバイクとofoの失速の傍らで、現在進行形でさらに高速にスケールを遂げているユニコーンが、Luckin Coffee社である（図2-1）。Luckin Coffeeは、2017年に女性のシリアルアントレプレナー（連続起業家）である銭治亜氏によって創業されたコーヒー・チェーンだ[11]。2018年1月に1号店をオープンすると、「Crazy Luckin」と呼ばれるほどの猛烈な出店ペースで、半年後には630店舗へと一気に拡大させ、中国史上最速でユニコーンとなった。2018年12月の資金調達によって、同社の評価額はすでに22億ドル（約2,500億円）を超えている。コーヒー文化が浸透している都市部のオフィス街を中心に出店ペースを加速させ、出店開始から1年間で、中国22都市に計2,073店舗を展開し、アプリのユーザー数1,245万人、コーヒーの販売量8,968万杯、デリバリー平均配送時間16分43秒を実現させている。そして、2019年末までには4,500店舗を超え、店舗数と販売量において中国トップのStarbucks（スターバックス）を追い抜く、と目標を掲げている。

　同社は、コーヒー・チェーンを従来の立地型サービス産業ではなく、テクノロジー産業として位置付けることで急成長を実現させた。立地ありきではなく、まずアプリを中心に据えて、サービス、立地、マーケティングのすべてを設計していく。ユーザーは、コーヒーを飲みたいと思ったら、まずLuckin Coffeeのアプリをスマートフォンにダウンロードして開く。アプリにはGPSで最も近い店が自動表示され、メニュー・

図2-1 ▶ Get "Crazy" Big Fast の Luckin Coffee

出典：筆者撮影。

　リストのなかから、商品をタップしてオンライン決済で購入する。受け取り可能の通知が来たら店舗に行き、スマホをQRコードの読取機にかざして商品を受け取る。店舗到着の数分前に注文しておけば、待ち時間なしで受け取ることができる。あるいは、オフィスや自宅に配送してもらって受け取ることも一般的になっている。35元（約600円）以上で無料配送となる。利用の大半は、テイクアウトか配送だ。

　こうした設計に基づき、Luckin Coffeeは多忙なビジネスパーソンが密集するオフィス街へ大量出店していった。ビルの1階の小さなスペースで、席なしで出店するケースも多い。店舗にはレジは必要なく、コーヒーを作るキッチン・スペースと数人の従業員、あとは受け渡し窓口さえあれば十分である。商業地の一等地に店舗を構えてサード・プレイスを提供するスターバックスとは対照的に、Luckin Coffeeは徹底的なまでに合理性を追求し、美味しいコーヒーを安く提供することに特化したサービスを展開している。北京、上海、杭州、深圳などの中心部では、

すでに半径500m以内にLuckin Coffeeの店舗を見つけられる状況が整えられている。

　アプリを核とした出店・サービス戦略に加え、同社の戦略には3つの特徴がある。1つめは、人気の芸能人を広告塔として、認知拡大のために大々的な広告キャンペーンを展開している。SNSはもちろん、屋外広告、エレベーター内の広告まで、Luckin Coffeeを目にする機会を作り出した。2つめは、積極的な無料配布である。アプリ登録時や友人紹介時には、複数枚のコーヒーの無料クーポンが配られる。クーポンは週に一度のペースでもアプリに届き続ける。また、「2杯買うと1杯無料」や「5杯買うと5杯無料」など、友人や同僚の分もまとめて注文するとお得になるキャンペーンを展開し、利用者が周囲の人を巻き込みたくなるように仕向けている。まずは無料で飲んでもらい、味と利便性からヘビーユーザー化を狙っている。その狙いが功を奏し、最初の4カ月で500万杯ものコーヒーを提供することに成功した。そして3つめは、スターバックスよりも20～30％安い、手ごろな価格での商品提供である。コーヒーの味においても、Luckin Coffeeはスターバックスに引けを取らない評価を獲得している。

　創業者の钱氏は、もともとオンライン・レンタカー事業の神州優車社に勤め、COO（Chief Operating Officer／最高執行責任者）まで昇りつめた後、そこからスピンアウトさせた配車サービスUCAR（神州優車）社の共同創業者として活躍してきた。その過程において、自身が残業続きの生活のなかで、コーヒーを飲む習慣を定着させていたことが、コーヒー・チェーンの創業のきっかけになったという。コーヒーの愛飲者として、「スターバックスのコーヒーの価格はお手ごろではない。それなのに、最高のコーヒーともいえない。私たちは最高のマシンとテクノロジーで、その頂きを目指します」と宣言し[12]、その目標の実現に向けて

Luckin Coffeeを猛烈な勢いで走らせている。

　時をさかのぼれば、もともと中国にコーヒーを飲む習慣はなかった。飲み物と言えば、冷やさないお茶である。そのコーヒー文化がまったく存在していなかった中国に、1999年、スターバックスが進出したことによって、若者を中心に新たな文化が芽吹いていった。スターバックスは、コーヒー文化とともに少しずつコーヒー市場を拡大させていき、コーヒーに対するニーズの総量が広がってきた2010年頃から出店ペースを一気に加速させた。2017年12月には世界最大規模のフラッグシップ・ストアを上海にオープンし、中国国内に約3,600店舗を構え、中国コーヒー市場の圧倒的なリーダー企業の座を堅持してきた。そのスターバックスが育てて広げてきたコーヒー市場は、Luckin Coffeeによって猛スピードで奪われていっている。

　この事態を受け、スターバックスは2018年8月、アリババ（阿里巴巴集団）と包括的なパートナーとなり、新しいコーヒー販売のモデルを作っていくことを発表した。その第一弾として、アリババ傘下で出前サービスを展開するウーラマ（餓了麼）社と提携し、コーヒーの配送サービスをスタートした。また、配送注文用の商品を作るために、アリババが展開する最新の生鮮食品スーパー「フーマフレッシュ（盒馬鮮生）」の厨房スペースを利用していく。こうしたライバルの動向を受け、Luckin Coffeeはテンセント（騰訊）とのパートナーシップを締結し、スターバックスとアリババ、Luckin Coffeeとテンセント、というコーヒー・チェーン＆メガ・ベンチャーによる更なる競争激化が進んでいっている。

　華々しいハイパー・グロースの一方で、Luckin Coffeeは、2018年1〜9月までの9カ月間で、売上高3億7,500万元（約60億円）に対して、8億5,700万元（約140億円）の赤字を出している。この多額の赤字は、システム投資や出店経費といったコスト以上に、クーポンの乱発によって引き

起こされたものと考えられている。中国におけるクーポン乱発によるプロモーション戦略は、資金を燃やし尽くしてしまうことから「燃銭（シャオチェン）」と呼ばれる、常套手段の1つである。しかし、Luckin Coffeeによる「燃銭」は明らかに過剰であり、同社を赤字の沼に沈める要因にまでなってしまっている。

　だからといって、競争激化の著しいコーヒー市場において、ユーザーのエントリー体験とライトユーザーのリピーター化を導くためには、クーポン乱発を急に止めることはできない。多くのユーザーが、「便利で安くて美味しい」以上に、「無料で飲める」を理由にLuckin Coffeeを選んでいる。毎回、料金を支払って購入するユーザーよりも、料金を支払うのは3回に1回程度のクーポン・ユーザーの方が圧倒的に多い。クーポンの停止は、同社の「Get "Crazy" Big Fast」の急停止に直結しうるもので、止めることはできない。同社のCMO（Chief Marketing Officer／最高マーケティング責任者）の楊飛氏は、赤字は想定の範囲内であり、クーポン配布はシェア拡大のために有効で、今後3〜5年は継続していく考えを明らかにしている。

　成長市場には、次々とベンチャーが後発参入してくる。そして、新規ユーザー獲得と市場拡大のために、採算は度外視したクーポン乱発の消耗戦が繰り広げられる。資金が枯れたプレーヤーから順に土俵からはじき出されていき、最後まで勝ち残れた数社が市場を独占できるようになる。それから、ようやく落ち着いて黒字化を目指す、というのが1つの定番パターンになっている。Luckin Coffeeは、VCから調達した巨額の資金を焼き尽くす「燃銭」を動力源として、コーヒー市場で猛ダッシュを続けている。最後まで勝ち残れれば、中国14億人の巨大コーヒー市場の覇者として君臨できる道のりだが、資金調達が途切れれば、すぐに走れなくなるリスクが付きまとっている。2019年4月22日、同社はア

メリカ証券取引委員会へIPOを申請し、株式上場による更なる資金調達を図っている[13]。

ベンチャービジネスでは、「数を撃たなければ当たらない」が当たり前とされており、多産多死の業界となっている。そのなかでも中国ベンチャーは、大化けするために、「博打を打たなきゃ当たらない」の世界である。モバイクやofoは、博打に敗れた。一方、BATH（バイドゥ（百度）・アリババ（阿里巴巴集団）・テンセント（騰讯）・ファーウェイ（華為技術））のような巨人にまで成り上がったメガ・ベンチャーの成功事例はひときわ輝き、次のチャイニーズ・ドリームを目指す起業家を増やし続けている。そうして、Luckin Coffeeや、後述するバイトダンス（字節跳動）、美団点評、美菜など、現在進行形で博打の最中にいるユニコーンが虎視眈々とメガ・ベンチャーへの飛躍を狙っている。

幾つもの良し悪しはあるが、夢破れた者たちの屍のうえで、大化けしたユニコーンとメガ・ベンチャーが羽ばたくことによって、中国ビジネスの成長は牽引されていっている。ただし、こうした「Get "Too" Big Fast」の走り方は、経済全体が成長を続け、資金が回っていることが前提条件になる。すでに中国経済は停滞を見せ始めた状況下にあり、近いうち、あるいは中国バブルがはじけた未来においては、走り方の修正が求められていくことは疑う余地がない。

4 ▶ 飛躍する ネクスト・ユニコーン

中国には、メガ・ベンチャーのBATHと手を組みながら、あるいはBATHに負けまいと対抗する、ネクスト・ユニコーンの挑戦者たちが後

を絶たない。ここでは、3社を取り上げよう。筆頭として挙げられるのが、アメリカのUBERやWeWorkをも凌駕する世界最大のユニコーン、バイトダンス（字節跳動）社である[14]。バイトダンスは、張一鳴氏によって2012年に創業され、数十のメディアサービスを展開していき、瞬く間に飛躍を遂げた。同社の評価額は2018年時点で8兆円にまで到達し、売上高は8,000億円程度と見込まれている。

　張氏は、南開大学ソフトウェア・エンジニアリング学院を卒業後、旅行検索サイト「酷訊網」や不動産検索サイト「九九網」の立ち上げに参画するなど、シリアルアントレプレナーとして活躍し、2012年にバイトダンスを創業した。バイトダンスが最初にヒットさせたサービスは、ニュースアプリ「今日頭条」である（図2-2）。この頃、中国では、誰もが新聞や雑誌ではなく自身のスマホ画面を見続けるように通勤風景が変化している最中だった。その変化に加えて、世界の潮流となっているAIに注目し、AIを用いてユーザーひとりひとりの関心に最適なニュース配信アプリをリリースした。今日頭条は、その高いレコメンド精度によって、爆発的にユーザーを拡大していくことに成功した。朝起きたら、とりあえず今日頭条のアプリを開いてその日の情報をチェックする、という中国人の毎日の習慣にまで定着している。

　続いて同社は、ユーザーのニーズは、テレビやYouTubeよりもっと短い動画コンテンツにあると見出し、短時間の動画アプリを次々にリリースしていった。15秒の動画投稿アプリ「抖音」、1、2分の動画配信アプリ「西瓜」、面白動画投稿アプリ「火山」などのサービスは、いずれも消費者に受け入れられていった。特に抖音は、2016年後半のリリースから1年間で、30歳以下の若者を中心に1億6,600万人ものユーザーを獲得することに成功した。抖音アプリの月間平均利用時間は12.6時間にのぼり、テンセント・グループの動画アプリ「快手」の12.3時間を

図2-2 ▶ 飛躍する中国ユニコーンたち

出典：筆者撮影。

上回った。

　こうした動画アプリにおいても、同社の一貫した強みとなっているのは、ユーザーが興味を持つコンテンツを選抜して提供する、AIによる強力なパーソナライズ・レコメンド機能にある。バイトダンスは、ユーザーの視聴行動データを集め、各ユーザーに最適なコンテンツを流すアルゴリズムの開発に注力し続けている。同社はエンジニア中心の組織であり、大勢のデータ・サイエンティストを擁し、すべての意思決定をデータに基づいて行っているという。中国全土、そして世界中から、AI分野の優秀なエンジニアを集めるため、高額の年俸を用意して高スキル人材を他社から引き抜き、自社に結集させている。

　中国国内におけるモバイル・インターネットの全利用サービスを100としたとき、半数にあたる50はテンセントが掌握している。コミュニケーション手段としてインフラ化しているWeChatと、多数のアプリゲームによって、トップを独走している。続く第2位が、急成長を続け

るバイトダンスで、10／100を獲得している。この数値は、検索サービスや地図アプリなどを展開するバイドゥの7.5／100を上回っており、バイトダンスはすでにモバイル・サービスにおけるBATという三強の牙城を崩したと言える。

この事態を受け、「メガ・ベンチャー vs. 最強のユニコーン」という図式が強まってきている。テンセントは、「抖音」に対抗した動画アプリ「微視」をリリースしたり、WeChatのSNS機能から抖音へのリンクを貼れないよう制限したり、とバイトダンスへの圧力を増している。前者はバイトダンスの張氏とテンセントの馬氏によるネット論争へと発展し、後者は法廷闘争にまでなっている。また、2018年時点では、アリババはバイトダンスへ資金提供を行って友好関係を保っているが、バイトダンスのEC事業強化に伴い、将来的な対立が予想される。

バイトダンスは、2016年から海外展開も活発化させており、Top Buzz（今日頭条）、Buzz Video（西瓜）、TikTok（抖音）、Vigo Video（火山）と海外版を展開していっている。2018年第3四半期の世界アプリ・ダウンロード数では、TikTokが1億8,500万ダウンロードで、Instagramを抜き第4位を記録した。テンセントのWeChat、アリババのAlipayなど、中国国内で爆発的に利用されるアプリはいくつも出てきているが、世界でユーザーを伸ばしているアプリとしては、バイトダンスのTikTokは革新的なサービスとなっている。張氏は、「我々はとても革新的なことをやっているんだ。もはや製品、技術そのものにおいてもアメリカのコピーキャットではないんだ」[15]と主張し、更なるグローバル市場への挑戦に取り組んでいる。同社は、2019年内の更なる資金調達とIPOを予定し、2021年には時価総額2,000億ドルまでの拡大を目指している。

中国では、フードデリバリーが急速に普及してきている。その市場でトップの座についているユニコーンだったのが、美団点評社だ[16]。も

ともと、王興氏によって2010年に北京で創業された美団社は、中国最大のクーポン共同購入サイト「美団」を展開していた。この美団社と、2003年に上海で創業され、中国最大のクチコミサイト「大衆点評」を展開する点評社が、2015年に合併してできた企業が、中国最大のO2O（Online to Offline）プラットフォーム企業の美団点評である。2018年9月には、香港証券取引所でIPOを果たし、時価総額は5兆7,000億円にまで大きくなっている。2018年の売上高は、前年比92.3％増加の1兆800億円を記録し、そのうち主力事業のフードデリバリーで、前年比81.4％増加の6,300億円を稼ぎ出している。

同社は、アプリ「美団」と「大衆点評」におけるワンストップ・サービスを強力に展開している。飲食に関しては、消費者サイドからの飲食店に関するクチコミやレビューの投稿、店舗サイドからのキャンペーン展開やクーポン発行、共同購入商品の販売、そしてフードデリバリーまでが整えられ、オンラインのユーザーとオフラインの実店舗を結びつけている。また、映画や演劇、カラオケ、ホテル・民泊、食品スーパー、美容院、配車、旅行など、ありとあらゆるジャンルのサービスを結集させている。2018年時点で、ユーザー数6億人、MAU2.5億人に達している。なかでも、フードデリバリーの取引回数は2018年の1年間で63.9億回、1日平均にして1,750万回となっており、これはフードデリバリーとして世界第1位の規模である。今後は、大株主であるテンセントとの連携を強化し、飲食を軸とした更なる成長を狙っている。2019年1月には、半導体製造とAI開発を進めるアメリカのNVIDIA社、自動車部品製造を行うフランスのValeo社、自動車デザインのイタリアのIcona社、の3社と提携を結び、配送の自動化を進めていくことを発表した。

社員の95％を20代が占めるという美団点評。そのCEOを務める、もともとは美団創業者である王氏は、自身を「コピーの天才」と称する。

王氏のシリアルアントレプレナーとしての起業は、一貫してアメリカのビジネスのコピーから始まっている。まず初めは2004年、王氏がアメリカのデラウェア大学へ留学に行っていたとき、Facebookが一大ムーブメントを起こしていた。そこで、王氏は2005年に清華大学の友人3名とともに、Facebookそっくりの中国版サービス「校内網（現、人人網）」を国内でリリースする。1年間で100万人のユーザーを集めるヒットとなったものの、自社ではサーバーの運営コストを抱えきれなくなり、事業を千橡互動社へと売却することになる。続いて、Twitterをコピーしたサービス「飯否」を手掛けたが、こちらは中国政府によるインターネット監視で取り締まられ、サービス停止に追い込まれた。中国版Twitterの王座は、新浪公司社の「Weibo（新浪微博）」に取られてしまう結果になった。その後、3度目に始めたビジネスが、アメリカのグルーポン社が展開する共同購入型クーポンサイト「Groupon」のコピーである「美団」だった。当時、類似する共同購入サイトは中国国内に3,000社にのぼったというが、美団はあらゆるジャンル・サービスのエクセレンスを吸収し、より豊富で、より便利なサービスへと成長していき、トップの座を掴んだ。

　フードデリバリーに関しては、上海交通大学の学生ベンチャーであるウーラマ社が開拓していった市場だった。2008年に創業されたウーラマは、大学内で始めたフードデリバリー・サービスを学外へ広げ、12都市で展開していっていた。ウーラマのサービス展開の基準は、その都市で外売車や屋台が多いかどうか、だったという。外売車とは、レストランが料理を積んで、大学やオフィスビルの付近で販売する車のことである。すでに外売をしたい事業者と利用したい消費者が数多く存在していれば、売買に出かける手間を省くフードデリバリーのニーズが大きいはずだ、という発想である。その発想ゆえに、ウーラマは12都市に

絞ってサービスを展開していた。

　これに対して、美団の王氏は、フードデリバリーという新しいサービスは既存ニーズに当てはめるだけでなく、新規ニーズを開拓できると考えた。外売や屋台に慣れ親しんでいない都市であっても、一定の消費力さえあれば、レストラン側にも消費者側にもフードデリバリーの習慣を新たに植え付けられると推測したのである。そこで王氏は、ウーラマをコピーした「美団外売」を30都市で一斉に展開していった。ウーラマの根城となっている12都市において後発参入して勝つことは容易ではなかったが、空白地帯の18都市において美団外売は急成長を遂げ、フードデリバリー市場のトップの座を奪い取ることに成功した。街中には、黄色のユニフォームを身に付けたデリバリー部隊が、毎日走り回るようになっている。

　この局面において、外売や屋台での売買に慣れ親しんでいない18都市のレストランと消費者を動かすために、王氏が仕掛けたのが、中国最大のクチコミサイト「大衆点評」の取り込みだった。外売や屋台、という食事の選択肢が出てくる以前に、食事をしようと考えた時点で中国人は大衆点評のサイトを訪れる。であれば、大衆点評のアプリにデリバリー機能を付けてしまえば、デリバリーの習慣があろうがなかろうが、すべての消費者に対してデリバリーという選択肢を提供できることになる。

　これを実現するためには、メガ・ベンチャーとの関係を切り替えなければならなかった。美団社は、もともとアリババと友好関係にあったが、点評社はテンセントから資金調達をしていた。そのため、美団はアリババを敵に回す覚悟で関係を切り、テンセントに乗り換える一大決心をして2社を合併させ、美団点評社を誕生させた。それほどに、フードデリバリー・ビジネスの市場成長の可能性と、市場競争に勝つための大

衆点評の重要性は大きい、と王氏は判断した。こうした美団点評の動きと急成長を受け、ウーラマは逆に、それまで身を置いていたテンセント陣営から離れ、アリババ陣営に移る選択をし、2017年にはアリババに買収されることになった。美団点評とテンセント、ウーラマとアリババ、という旧ユニコーン＆メガ・ベンチャー同士の対立構造となり、フードデリバリー市場は、美団点評がリードしつつも、激しい競争市場となっている。

こうした王氏のビジネス・プロセスは、中国国内においても、あまりに模倣が過ぎるとたびたび非難されてきた。しかし、王氏自身は「本家のモデルを完全にコピーしたうえで、本家よりも充実したサービスにすることができれば、それが王道だ」と主張し続け、その言葉を現実のものとしている。巨大なユニコーンとして成長を遂げ、6兆円に迫る時価総額を誇る美団点評は、もはや模倣者による一時の成功と呼ぶことは到底できない存在になっている。

バイトダンスや美団点評のような巨大ユニコーンの他に、まだ発展途上の、比較的小さなユニコーンも大勢控えている。冷蔵倉庫や冷蔵トラックといったオンライン以外への設備投資を積極的に行い、飛躍しつつあるユニコーン、美菜社についても紹介しよう[17]。2014年、劉伝軍氏によって北京で創業された美菜は、中国国内で、農家と中小規模の飲食店をつなぐサプライチェーンを構築し、B2B（Business to Business）の農産物EC事業を展開している。同社がF2B（Farm to Business）と呼ぶサービスは、1日の平均注文回数が100万回を超えるまでに普及していっており、2017年時点の売上高は100億元（約1,700億円）を超える、時価総額200億元（3,400億円）のユニコーンとなっている。

美菜は、従来、中国における農作物のサプライチェーンに存在していた複数の中間業者を排し、同社が自前でまとめて調達、管理、物流を行

うことによって、新鮮な農作物を短時間で届ける仕組みを構築した。飲食店は、美菜のアプリから調達したい食材を探してオンラインで注文すると、18時間以内に商品を指定場所で受け取ることができる。そのため、飲食店側は、前日に注文しておけば翌朝に市場へ仕入れに行かずに済み、中間業者を介さないことで通常の市場価格よりも約4割も安く仕入れることが可能になった。また、農家側は、これまでの卸価格よりも高い販売価格で売上を得ることができるようになり、Win-Winのビジネスとして両者から受け入れられている。

　創業者の劉氏は、山東省の沂蒙山という山村の出身で、大学に進学するまでは実家のトウモロコシ栽培や養豚を手伝う日々を送っていた。この幼少期の原体験が、将来の起業へと繋がっていく。中国科学院で天体物理学を学び、物理学修士まで修めた後、アメリカ資本のICチップメーカーに就職する。そこを1年で退職すると、劉氏は最初の起業にチャレンジした。高品質な農産物を扱うEC事業を始めたが、このビジネスはすぐに失敗し、多額の借金を抱える結果に終わってしまった。次に劉氏は、共同購入型クーポンを展開する窩窩団（55taun.com）社に、従業員として再就職する道を選ぶ。窩窩団で出世を果たしてストックオプションを獲得することで、最初の事業失敗の負債を挽回することができたという。そうして、再び起業にチャレンジする際に考えついたビジネスが、美菜だった。

　これまで、農家が生産した野菜は、都市部に運ばれると卸売価格の10倍にまで跳ね上がった市場価格で販売されていた。その不条理な価格差について、劉氏は実家で身をもって知っていたため、この価格差を解消することができれば、生産する農家と購入する飲食店の両者に受け入れられるはずだと考えた。そこでまずは、エンジェル投資家から調達した1,000万元（約1億7,000万円）を元手に、飲食店がアプリから簡単に

農産物の仕入れを行えるシステムを構築した。じつは、刘氏は2011年の窩窩団在職中にも、タブレット端末を利用した農産物仕入れシステムを飲食店に提案したことがあったという。しかし、当時はタブレット端末の価格が高く、普及率は低かったために、受け入れてもらえなかった。それから3年後の2014年になると、低価格な高機能スマートフォンが広く普及しており、飲食店のオーナーや購買担当者に、抵抗なく美菜のアプリを受け入れてもらえることができた。

同社は着実に成長の道を歩んでいっている。2015年までに、10億元（170億円）以上の資金調達に成功し、中国20都市でサービスを展開するようになった。2016年3月には、美菜のプラットフォームに加盟する飲食店の数は50万軒を超え、2017年には、サービス展開地域を50都市まで拡張させている。ユーザーの満足度向上のために、冷蔵倉庫や冷蔵トラックへの投資を重ね、サービス向上と事業成長を続けている。また、農産品以外の商品の飲食店に対する卸売販売や、農家に対する保険や金融業の展開など、更なるビジネス展開も予定している。

バイトダンスや美団点評の他にも、本家であるウーバー・チャイナを買収した中国版Uber（ウーバー）のディディ（滴滴出行）社、トラック版Uberと呼ばれるトラック配車サービスを手掛ける満帮集団社、地方の低所得者層をメインターゲットとしたソーシャルECで急成長を遂げる拼多多社など、多くの巨大ユニコーンが中国には存在している。美菜のような小規模ユニコーンは、より一層多く、飛躍の最中にいる。中国ユニコーンのGet "Too" Big Fastの成長プロセスには、批判的な意見や、今後に対する懐疑的な予測が持たれやすい。そうした減点評価にも一理はあるが、中国という「何でもあり」のビジネス環境で勝ち抜き、飛躍を遂げてきた企業とヒトは逞しく、したたかである。彼らは、ビジネスの前提条件や競争ルールが変われば、即座に順応して走り続けるだ

ろう。加点評価で、中国ユニコーンのエクセレンスと強さを認めなければ、彼らとビジネスをすることも、彼らを追い抜くこともできない。

註

1 ── 村元・永井（2018）より引用。村元康・永井竜之介（2018）『メガ・ベンチャーズ・イノベーション』千倉書房。
2 ── 500 Startups「スタートアップは収益性を気にするべきか？　マーク・サスター」を参照。(https://500startups.jp/should-startups-care-about-profitability/)
3 ── GloTechTrends「CBInsightが最新ユニコーンリスト(2019)を発表！米中貿易戦争の中で中国のユニコーンシェア率は減少へ！」。(https://glotechtrends.com/cbinsight-world-unicorn-2019-190212/)
4 ── CAMPANELLA「普通すぎることが僕の悩み　メルカリ山田進太郎氏」、Business Journal「メルカリ、上場直後の決算で赤字拡大・業績予想非公開…株価崩落、含み損恐れ株処分の動き」、IT mediaビジネスオンライン「メルカリ、上期は44億円の最終赤字　「黒字化急がず、流通額増やす」」、MONEY PLUS「メルカリ、皆が使っているのに赤字がずっと続いているワケ」、および日本経済新聞「メルカリ、なるか黒字転換　カギはやはり国内」を参照。(https://business.nikkeibp.co.jp/atclcmp/15/270964/030300001/?P=1)、(https://biz-journal.jp/2018/10/post_25264.html)、(https://www.itmedia.co.jp/business/articles/1902/07/news121.html)、(https://media.moneyforward.com/articles/2635)、(https://www.nikkei.com/article/DGXMZO33960780Y8A800C1000000/)
5 ── Business Journal「メルカリ、上場直後の決算で赤字拡大・業績予想非公開…株価崩落、含み損恐れ株処分の動き」より引用。(https://biz-journal.jp/2018/10/post_25264.html)
6 ── CAMPANELLA「普通すぎることが僕の悩み　メルカリ山田進太郎氏」より引用。(https://business.nikkeibp.co.jp/atclcmp/15/270964/030300001/?P=1)
7 ── CAMPANELLA「普通すぎることが僕の悩み　メルカリ山田進太郎氏」より引用。(https://business.nikkeibp.co.jp/atclcmp/15/270964/030300001/?P=1)
8 ── NEC BUSINESS LEADERS SQUARE wisdom「中国のシェア自転車はなぜ失速したのか～投資偏重「中国的経営」の限界」、NEC BUSINESS LEADERS SQUARE wisdom「中国を席巻するハイテク「シェア自転車」～仕組みで意識を変える試み」、The Atlantic「The Bike-Share Oversupply in China: Huge Piles of Abandoned and Broken Bicycles」、および村元・永井（2018）を参照。(https://wisdom.nec.com/ja/business/2018083001/index.html)、(https://wisdom.nec.com/ja/business/2017020201/

index.html)、(https://www.theatlantic.com/photo/2018/03/bike-share-oversupply-in-china-huge-piles-of-abandoned-and-broken-bicycles/556268/)。村元康・永井竜之介（2018）『メガ・ベンチャーズ・イノベーション』千倉書房。

9 ——NEC BUSINESS LEADERS SQUARE wisdom「中国のシェア自転車はなぜ失速したのか～投資偏重「中国的経営」の限界」より引用。(https://wisdom.nec.com/ja/business/2018083001/index.html)

10 ——李（2018）を参照。李智慧（2018）『チャイナ・イノベーション——データを制する者は世界を制する』日経BP社。

11 ——BUSINESS INSIDER JAPAN「中国最速ユニコーンluckin coffeeが2億ドル調達。1年でスタバ脅かす1400店舗体制」、BUSINESS INSIDER JAPAN「2019年にスタバ抜くと豪語した中国luckin coffee。「コーヒー業界のofo」説も浮上」、NEWS PICKS「【現地発】スタバに襲いかかる、謎の中国コーヒー起業家の正体」、東洋経済オンライン「中国ラッキンコーヒー、「スタバ超え」の突破力」、Glo Tech Trends「Luckin Coffee（瑞幸咖啡）のプロモーション（燃銭）を繰り返すビジネスモデルは継続できるのか？」、およびTHE WALL STREET JOURNAL「Starbucks Fights Hot Startup in China」を参照。(https://www.businessinsider.jp/post-181495)、(https://www.businessinsider.jp/post-182890)、(https://newspicks.com/news/3366154/body/)、(https://toyokeizai.net/articles/-/276558?display=b&fbclid=IwAR21rnHkbtfa5vG3BuosZkAqDtyixnqGJkoBMJZEiIH3zIu2s5oSgx4ev_g)、(https://glotechtrends.com/luckin-coffee-190110/)、(https://www.wsj.com/articles/starbucks-struggles-to-beat-hot-startup-on-delivery-in-china-11552469400)

12 ——NEWS PICKS「【現地発】スタバに襲いかかる、謎の中国コーヒー起業家の正体」より引用。(https://newspicks.com/news/3366154/body/)

13 ——CNBC「Luckin Coffee files for US IPO」を参照。(https://www.cnbc.com/2019/04/22/luckin-coffee-files-for-us-ipo.html)

14 ——NEWS PICKS「【メルペイ家田】僕が、中国ビジネスを学んできた理由」、「【解説】アリババ、テンセントの「次」にやって来る巨大ビジネス」、「【実録】アップルCEOも手玉に取る、中国ユニコーンの5大起業家」、Bloomberg「世界最大のスタートアップ、中国景気減速の影響鮮明——広告伸び悩み」、Forbes JAPAN「テンセントを脅かす中国新興企業「バイトダンス」の快進撃」、およびBUSINESS INSIDER JAPAN「中国初のグローバルアプリTikTok運営するByteDance——創業者は35歳、武器はAIリコメンド」を参照。(https://newspicks.com/news/3270719/body/)、(https://newspicks.com/news/3286531/body/)、(https://newspicks.com/news/3270713/body/)、(https://www.bloomberg.co.jp/news/articles/2019-01-16/PLEGTQ6TTDS301)、(https://forbesjapan.com/articles/detail/21432)、(https://www.businessinsider.jp/post-179410)

15 ——NEWS PICKS「【実録】アップルCEOも手玉に取る、中国ユニコーンの5大起業家」より引用。(https://newspicks.com/news/3270713/body/)

16 ── NEWS PICKS「【実録】アップルCEOも手玉に取る、中国ユニコーンの5大起業家」、Forbes JAPAN「中国の美団点評、NVIDIAらと提携で「出前ロボット」実用化へ」、36Kr Japan「フードデリバリー「美団点評」2018年通期決算、売上高1兆円を突破」、note「あなたが知らない美団点評の強さ、決算書で見る中国の生活関連総合サービス」、日本経済新聞「中国・美団点評が香港上場 飲食軸に成長めざす」、および中華IT最新事情「サービスを発明した「ウーラマ」は、後発の美団になぜ負けたのか？（上）（下）」を参照。(https://newspicks.com/news/3270713/body/)、(https://forbesjapan.com/articles/detail/24883)、(https://36kr.jp/18790/)、(https://note.mu/xiahuanvivian/n/n9d07c5fc0d7b)、(https://www.nikkei.com/article/DGXMZO35581090Q8A920C1FFE000/)、(http://tamakino.hatenablog.com/entry/2019/01/10/080000)、(http://tamakino.hatenablog.com/entry/2019/01/11/080000)

17 ── Blomberg「A China Veggie-Selling App May Be Worth \$7 billion」、TECHABLE「農家と飲食店を直接つなぐ中国のB2Bオンラインマーケットプレイス「美菜」」、M「野菜販売で非難された劉氏による4年間3,000億円企業の作り上げ」、およびChaitech「【美菜网（Meicai）】レストランなどへの農産品卸売プラットフォーム：中国ユニコーンFile 045」を参照。(https://www.bloomberg.com/news/articles/2018-10-09/china-veggie-selling-app-is-said-to-raise-more-than-600-million)、(https://techable.jp/archives/70547)、(https://medium.com/code-republic-blog/野菜販売で非難された劉氏による4年間3,000億円企業の作り上げ-df6af4936f2)、(http://chaitech.jp/unicorn0081/)

Chapter 3 Factful China

イノベーション拠点となる「北上杭深」

　企業の変化と同様に、中国の都市も劇的な変化を続けている。特に、「北上杭深」と呼ばれる北京、上海、杭州、深圳の4都市は、それぞれがイノベーション拠点、ベンチャー集積地へと変貌を遂げている。中国を考えるとき、北京は政治の中心都市、上海はビジネスの中心都市、という認識に留まっていたとしたら、それらはもはや適切な認識ではなくなっている。

　2018年の第3四半期、ベンチャー企業（Start-ups）の資金調達などの活動が活発だった都市の世界トップ10を見てみると、「北上杭深」の4都市はいずれもランクインしている[1]。トップは、アメリカ・カリフォルニア州のサンフランシスコ湾南岸周辺の通称「シリコンバレー」を擁する、サンフランシスコである。続く世界第2位となっているのは、中国の首都である北京だ。第3位以降は、ニューヨーク、ロンドン、上海、ボストン、深圳、ロサンゼルス、杭州、シアトル、と続いていく。アメリカの5都市、中国の4都市、そしてイギリスの1都市が、世界のベンチャー拠点となっていることが分かる。ベンチャー・ブームはグローバルに起きている現象だが、やはり実態としては米中二強である。

　中国の経済成長とイノベーション創出は、この4都市を拠点として活

図3-1▶「北上杭深」の位置関係

出典:「中華人民共和国全土白地図のフリーデータ」を基に筆者作成。

性化していっている。2018年、China Money Networkの発表によれば、中国には137社のユニコーンが存在し、すでにアメリカのユニコーン数を上回っており、そのうち企業数の87%、時価総額の95%が、北京・上海・杭州・深圳の4都市に集中しているという[2]。企業数においては、北京が60社と頭ひとつ飛び抜けた存在になっている。続いて、上海31

社、杭州16社、深圳12社となる。時価総額では、杭州を本拠地とするアント・フィナンシャル社が8兆円を超える巨人に成長していることから、杭州が国内最大となり、北京、上海、深圳と並ぶ形である。ここでは、**図3-1**に見られる、中国のイノベーション拠点であり、ベンチャー集積地である「北上杭深」について紹介していこう。中国の変化と現在地について、都市の実態を通じて理解を深めてもらいたい。

1 世界第2位のベンチャー都市、北京

　北京は、中国の首都であり、政治の中心地である。その事実に加えて、近年ではヒト、モノ、カネが集結するイノベーション創出の中心地にもなっている[3]。中国のビジネス、イノベーション、ベンチャーの中心地と聞くと、上海や深圳の印象が強いかもしれないが、実態としては北京が国内最大の場になっている。

　中国の四大工商銀行の1つで、資産総額において世界第1位の銀行である中国工商銀行。中国最大手で、世界最大の通信事業者でもある中国移動通信。こうした国の根幹を支える国有企業は北京に拠点を構えている。加えて、パソコン・メーカーとして世界大手のレノボ（聯想集団）、BATHの一角をなす中国インターネット検索最大手のバイドゥ（百度）、そして**第2章**で取り上げたバイトダンス（字節跳動）や美団点評、ディディ（滴滴出行）、シャオミ（小米科技）など数多くのメガ・ベンチャーとユニコーンも北京に集まるようになっている。2012〜2018年の6年間で、世界には150社のテック系ユニコーンが誕生したが、そのうち57社がシリコンバレー、次点の29社が北京から生まれている。

北京のなかでも、北西部に位置する中関村地区には、IT・インターネット系のハイテク企業が集積し、「北京のシリコンバレー」と呼ばれるエリアになっている。中関村地区は、少し前までは「北京の秋葉原」と呼ばれる電気街だったが、北京市政府の主導でイノベーションエリアへと改革され、ベンチャー、VC（Venture Capital）、インキュベーション施設などが集積する場所へと変貌を遂げている。じつに、東京ドーム12個分の大区画がイノベーションエリアに改造された。

　国をあげて「大衆創業、万衆創新」の産業政策を推進していくにあたって、おひざ元である北京は、起業とイノベーション創出の一大拠点となるべく改革が進められてきた。全国に開設された起業・イノベーション創出の拠点のうち、全体の1／6にあたる20拠点が北京に集中している。具体的には、地域部門として、海淀区と順義区の2つ。大学・研究所部門として清華大学、北京大学、中国情報通信研究院、国家工業情報安全発展研究センター、中国科学院計算技術研究所の5つ。そして企業部門として、中国航天科工集団、中国電信、中国航空工業グループ、中国船舶重工集団、中国電子科技集団、国家電網、中国移動通信、中国電子情報産業、中国鋼鉄研究総院（CISRI）、北京有色金属研究総院（GRINM）、中国普天新エネルギー、三一重工、百度網訊科学技術の13カ所が拠点に指定されている。

　中国政府による優遇以外にも、企業は北京から多くのメリットを引き出すことができる。例えば、北京は政治の中心地であることから、企業にとって政府と連携しやすいというメリットもある。市政府の主催する研修などを通じて、政策にかかわる官僚や学者との交流機会を活用することで、企業は今後のビジネスを左右する政策動向をいち早く掴むことができるようになる。また、VCも多数存在しているため、資金調達をする機会も豊富である。中国国内のVC投資のうち、約3割は北京が占

めている。そして、清華大学、北京大学、中国科学院といった名門大学や研究機関が揃っている点も忘れてはならない。

ちょうど、スタンフォード大学との産学連携や、卒業生による起業によってシリコンバレーが形成されていったのと同じように、北京からは産学連携を活用した大学ベンチャーが数多く生み出されていっている。大学の研究成果の実用化を推進するために、政府主導で清華大学、北京大学、中国科学院などには40以上のファンドが設立され、140億元（約2,400億円）以上の資金が大学発や大学関連のベンチャーに注がれ、イノベーション創出を強力にバックアップしている。

なかでも、中国全土から理系の才能が集まる清華大学は、ベンチャー輩出の要所になっている。清華大学は、コンピューター・サイエンスの世界大学ランキングにおいて、アメリカのカーネギーメロン大学に次ぐ世界第2位、U.S. Newsの「最も影響力がある大学ランキング」ではコンピューター・サイエンスとエンジニアリングにおいてアメリカのMIT（マサチューセッツ工科大学）を抑えて世界第1位の名門である[4]。同大学では、集まってくる世界屈指の理系人材に対して、研究成果をベンチャー・ビジネスとして立ち上げるまでのサポートが、産官学連携で構築されている。

清華大学では、アメリカの大学におけるベンチャー育成モデルをベンチマークしたうえで、投資会社のTus Star社と連携した独自のプログラムを2012年から開講している。まずは「Dream Course」という講座が、プログラムの入口となる。起業や経営、研究とビジネスの違いなどについてレクチャーが行われ、学生に対して研究から実務への道筋を示す。その次には、機材とスペースが利用可能な「x-lab」というプログラムが用意されている。MITで起業支援を担当していた教授など、複数のメンターによるアドバイスのもとで、多くの学生がビジネスコンテストに

向けてビジネスアイデアを練り上げ、試作品開発に打ち込むことができる環境が整えられている。2012年からの4年間で、計2万3,000人の学生がx-labのプログラムに参加した。その中から1,046のビジネスチームが誕生し、432社は実際に起業し、計200万ドル以上の投資を集めているという。起業して独り立ちしてからは、清華大学OBによって構成された投資会社Tus Starが、ビジネス・パートナーとしてアーリー・ステージでの成長をサポートしてくれる。

　こうした取り組みも含め、優れた学生に起業を奨励する清華大学の教育を受けた卒業生のなかからは、多くのユニコーンが輩出されている。前述の美団点評の創業者である王興氏は、同大学で電子工学を学んだ後に、シリアルアントレプレナー（連続起業家）となった。美団点評の前身である美団を創業したのは、清華大学の向かいにあるアパートの一室だったという。ショートムービー編集アプリ「快手」を展開する北京快手科技社を創業した宿華氏は、同大学のソフトウェアエンジニアリングの博士課程を中退後、同じく向かいのアパートに他2社とシェアして入居していた。

　顔認証技術に特化したユニコーン、メグビー（曠視科技）社は、2011年、同大学のAI（Artificial Intelligence）特別クラスを卒業した印奇氏が同級生と起業した企業である。メグビーの顔認証ソフト「Face++」は、アリババ（阿里巴巴集団）傘下でAlipayを運営するアント・フィナンシャル（螞蟻金服）社の決済サービスや、ディディ社によるドライバー識別、そして中国政府にまで採用されている[5]。中国全土には監視カメラが1億7,000万台以上設置されているといわれるが、その膨大な映像は「Face++」によって解析され、国民の行動把握に活用されている。また、メグビーの技術はパトカーにも搭載されており、パトカーに搭載された無人カメラで記録された周囲の人々の顔はAIで判別され、半径60m以

内に容疑者がいるかどうかを自動で検知できるようになっている。

　メグビーのCTO（Chief Technology Officer／最高技術責任者）の唐文斌氏は、2011年、清華大学在学中に、大学主催のビジネスプランコンテストのために、印氏を含めた同級生たちと顔認証技術を用いたゲームを開発した当事者である。このゲームがコンテストで特等賞を受賞したことが創業につながった。ゲームをリリースすると、2012年のApple Store（中国地域）のゲーム・ダウンロード数で第5位を記録するヒットとなった。この成功により、メグビーは、中国のVCファンドのInnovation Works（創新工場）社から数百万ドルの資金を獲得することができた。唐氏は、清華大学卒業後、アメリカのコロンビア大学の3Dコンピューター映像分野で修士・博士課程へと進んだ。2014年、顔認証評価システムLFW（LabeledFaces in the Wild）テストにおいて、「Face++」の顔認証率は97.27％の精度が認められた。これは97.25％を記録していた業界トップのFacebook（フェイスブック）社の精度を上回っており、メグビーは創業からわずか3年で世界一の技術であるという評価を手にした。

　北京は一昔前の、政府と国有企業の都市ではなくなっている。国有企業と棲み分ける分野でベンチャーが続々と誕生し、飛躍的な成長を実現していっている。現在の北京は、産官学による好循環が生み出された、中国最大のベンチャー集積地であり、イノベーション創出拠点である。

2　国際ビジネスの舞台、上海

　上海は、古くから中国ビジネスの中心地であり、アジア有数の金融街として知られてきた[6]。中国市場への進出を狙う、アメリカや日本をは

じめ多くの海外企業がまず上陸する場所でもあり、特に浦東地区には高層ビルが立ち並び、国際ビジネスの最前線になっている地域である。上海に拠点を置く日系企業は約1万社にのぼるという。国有企業である鉄鋼大手の宝山鋼鉄社が拠点を構え、教育機関としては復旦大学や上海交通大学が有名である。首都の北京を上回る2,400万人の人々が暮らす大都会で、スマートフォン保有率は95％を超え、世界でも有数のキャッシュレス化と24時間サービスが浸透したIT先端都市である。

　中国経済を牽引してきた上海には大企業が多く、創業のリスクを取る人材は少ないと考えられてきていたが、近年ではベンチャー・ビジネスが盛り上がりを見せている。2017年の1年間で、上海での起業件数は7万社を超えている。都市別のユニコーン数では、北京に次ぐ第2位で、後述する深圳にハードウェアやIoT（Internet of Things）関連のベンチャーが集積しているのに対して、上海にはグローバル・ビジネスの色の強いベンチャーが集まりやすい。外資をいち早く受け入れたり、海外企業との協業を望んだり、あるいは海外人材を多く自社にジョインさせたりすることで、国際的なスタートアップ・ハブが形成されている。

　日本の化粧品大手の株式会社資生堂は、2019年1月1日付で上海に中国事業創新投資室を設立した。中国ベンチャーとの協業を強化し、中国市場のためのイノベーション推進拠点にすることを目的としている。中国市場でのイノベーション強化によって、その成功体験を資生堂のグローバル事業全体へ波及させる狙いもあるという。中国市場における同社の成長は著しく、2017年度の売上は前年比22％増の1,443億円、営業利益は117％増の113億円へと大きく伸ばしている。同社では、その成功要因として、本社主導から現地主導への転換による収益性改善と、高価格帯のプレステージ事業とEC事業へのマーケティング投資の集中、の2点を挙げている。この成長をさらに加速させ、2020年の目

標としている売上高2,040億円、営業利益率10％台前半を達成するために、中国ベンチャーとの協業を拡大させている。他にも、2011年に設立され、起業家向けカフェやアーリー向けインキュベーター、テック系ラボ、コワーキングスペース、ファンドなどの起業支援事業を進めている中国のINNOSPACE+社に対して、中国ベンチャーとのつながりを求めて、Siemens AG（シーメンス）、Intel（インテル）、BMW、Microsoft（マイクロソフト）などの名だたるグローバル企業が協業を進めている。

　上海は、ベンチャーにとって資金調達のしやすい場である。上海ではVC投資が盛んに行われており、2015年に中国ベンチャーが調達した総額418億ドルのうち、20％は上海が舞台となっている。加えて、1.3万人ものエンジェル投資家たちも積極的に投資を行っている。行政のベンチャー投資に対する支援も充実しており、投資先の規模に応じて、投資家は初期投資の60％まで補償を受けることが可能となっている。また、500以上のインキュベーター、アクセラレーター、コワーキングスペースが集積しており、様々な面から起業支援の環境が整えられている。

　ユニコーンとしては、国有保険大手の中国平安保険の傘下で、個人間の貸し借りを仲介するオンライン記入サービスを手掛けるLufax（陸金所）社、フードデリバリーのウーラマ（餓了麽）社、バイドゥ（百度）からの出資を受け躍進を遂げているEV（電気自動車）メーカーのウェイマー（威力汽車）社などが上海に拠点を構えている。上海に拠点を置くユニコーンのなかでも、ここではユナイテッド・イメージング（上海联影医疗科技）社を取り上げておこう。中国の医療機器市場は、アメリカのGE（ゼネラル・エレクトリック）社、オランダのRoyal Philips（フィリップス）社、ドイツのシーメンス社の3社によって長らく寡占状態に置かれてきた。3社の頭文字を合わせて「GPS」と呼ばれ、世界第2位という巨大な規模の中国市場の90％は、GPSによって独占されてきていた。それに対

して、シーメンス出身の中国人が集まり、外資独占の市場構造を塗り替えようと、「世界で通用する医療機器メーカー」をビジョンに掲げて創業されたのが、ユナイテッド・イメージング社である。

共同創業者の1人の薛敏氏は、「外資企業に独占されたマーケットを、中国で作られた製品で塗り替えるためには、イノベーションが絶対的に必要だ。核心技術を全て、自分たちで研究開発し、自分たちで、イノベーションを起こさなければならない」[7]と創業当初に社員へ向けて語った。同社は、MRI（核磁気共鳴画像法）、CT（コンピュータ断層撮影）、PET（ポジトロン断層法）といったハイエンド断層画像検査機器を、中国企業として初めて自社開発し、ライバルよりも3割程度安く販売することで高い競争力を獲得している。中国のハイエンド医療機器市場において、スマホ市場におけるファーウェイ（華為技術）のような存在になることを目標の1つに設定し、躍進を遂げている。同社は、「北上杭深」などの主要都市にいる次世代の病院経営者をメインターゲットとして、中価格帯で高性能な製品力と、安価で行き届いたアフターサービス対応をアピールすることで、着実にシェアを拡大させている。上海には、同社のように、製品とサービスでグローバル・メーカーに挑戦するユニコーンも現れてきている。

上海は、昔も現在も、中国における国際ビジネスの主要舞台になっている。ただし、国内外の大企業だけが主役であり続けているわけではない。ベンチャー・ブームの波は上海にも色濃く現れており、中国ベンチャーとの繋がりを求める海外企業と、海外企業との接点を望むベンチャーがそれぞれに集まり、新たな国際ビジネス舞台へと変化を続けている。

3 ▶ アリババの城下町、杭州

　杭州は、上海から電車で1時間ほどの場所にある都市で、世界遺産に指定されている西湖など、景色の綺麗な観光地として知られている。「上に天国あり、下に杭州あり」と言われる美しい街並みの落ち着いた都市は、1999年、アリババ社が創業地に選んだことで激変していくことになる[8]。アリババは、創業者の馬雲（ジャック・マー）氏の出身地である杭州市内のアパートの1室で産声を上げた。それから20年、18名で始まったアリババは瞬く間に世界の時価総額トップ10に入るメガ・ベンチャーへと成り上がったが、創業の地である杭州に拠点を置き続けている。そして、杭州を発展させる旗頭にまでなっている。なお、現在でも創業したアパートの部屋は残されており、重要なプロジェクト開発の際は担当チームでその部屋を利用するほどに、思い入れの強い場所として大切にしているという。

　杭州の中心部から車で40分ほど離れた場所には、アリババが本社を構えるイノベーション拠点「未来科技城」がある。未来科技城では、時価総額50兆円の巨人となったアリババの本社を中心として、海外からの帰国子女組（海亀族）の起業支援を行うサポートセンター「Overseas High-Level Talents Innovation Park」やAIタウン、5Gイノベーションパーク、ベンチャーとVC・アクセラレーターが集積するドリームタウン（夢想小鎮）など、ベンチャーが飛躍してイノベーションを生み出していくことを目的とした数多くの場が整備されている。2015年3月にオープンしたドリームタウンには、3年間で1,316社のプロジェクトが入居審査をクリアし、12,700人ものビジネスパーソンたちが仕事に取り組んで

いる。AI、AR（Augmented Reality／拡張現実）・VR（Virtual Reality／仮想現実）、ドローン、スマートシティ、フィンテックなど、多岐にわたるジャンルのベンチャーが集積しており、連携・協業も進んでいる。そして、ドリームタウンの企業群に対しては、これまでに1,140以上の金融機関が計258億元（約4,400億円）の投資を行っており、アリババ城下町には起業のエコシステムが完備されている。2019年1月にオープンした5Gイノベーションパークでは、5G通信網のもとで5G関連の研究開発、新商品開発、アプリ開発が行われている。ここに入居する5G関連ベンチャーには、最大で1億元（約17億円）の補助金が交付され、従業員への住居提供、オフィスの格安提供を行い、中国における5G関連の研究開発の一大拠点となっていくと考えられる。

　杭州は、アリババと杭州市政府による産官連携での都市開発が進められており、市内には、元アリババ社員が創業者やキーパーソンとなっているベンチャー、浙江大学の卒業生が創業したベンチャー、あるいは海外からの海亀族が創業したベンチャーなどが拠点を置いている。中国の国家外専門家局の評価において、杭州は2018年まで8年連続で「Top Ten Most Attractive Cities in the Eyes of Foreign Talents」（海外人材から見た最も魅力的な上位10都市）にランクインしており、2017年には、人材流入と海外人材流入で国内トップの都市になっている。市政府は、「New Paradise of Innovation and Entrepreneurship（イノベーションと起業家精神の新たな楽園）」という方針を発表し、更なる活性化を進めている。海外の優秀な人材は、杭州でビジネスを始めれば市政府から最大で1億元を得ることができ、オフィスの賃料は150万元（約2,500万円）の割引を受けられるなど、好待遇を受けることができる。こうした優遇措置が、人材確保において他都市をリードする要因になっている。2018年には、新たに西湖大学を設立し、中国初の最先端研究に注力する大学として世界中か

らトップレベルの研究者を集め、より早い段階での人材確保にも力を入れている。

　杭州に拠点を置くベンチャーの数は、北京、上海に次いで中国第3位まで伸びてきている。2014年にアリババがアメリカで大型IPO（Initial Public Offering）を果たしたことで、所有していたアリババ株によって個人資産が1,000万元（約1億7,000万円）以上に膨らんだステークホルダーたちが数千人規模で誕生したという。そうした背景から、杭州では民間ファンドによるベンチャー投資が他都市よりも活発に行われており、アリババを独立して起業する部下や同僚に対して、アリババ社員が出資するケースも多い。

　フィンテックのアント・フィナンシャル社は、アリババから約33％の出資を受けてAlipayサービスを手掛け、時価総額は750億ドル（8兆4,000億円）を超える中国最大のユニコーンである。他にも、AIとクラウドコンピューティングのアリババクラウド社、O2O（Online to Offline）向けのライフスタイルコマース・サービスの口碑社など、アリババ傘下のユニコーンが杭州には揃っている。また、ソーシャルショッピングサービスの蘑菇街社、乳幼児商品ショッピングサイトの貝貝社など、アリババ出身者によって創業されたベンチャーも増えている。アリババの資金の他、関連企業同士の事業シナジーや、浙江大学のエンジニア人材も起業を加速させる要因になっている。

　B2B（Business to Business）プラットフォーム「Alibaba.com」、B2C（Business to Customer）プラットフォーム「天猫（Tモール）」、C2C（Consumer to Consumer）プラットフォーム「Taobao（淘宝網）」と、中国のあらゆるEC手段を押さえ、なおかつオンライン決済の「Alipay」を普及させることで盤石の体制をつくりあげたアリババは、オンラインとオフラインを結びつけるニューリテール戦略を進めている。ちょうどAmazon.com（アマ

図3-2 ▶ 「New Retail」を体現するフーマフレッシュ

カバのマークが特徴的な
エントランス

代名詞のSea Food(水産)
コーナー

Dining(就餐区)エリアと、
天井レール

出典：筆者作成。

ゾン)が、本社のあるシアトルから無人店舗「Amazon Go」を広めていっているのと同様に、アリババは杭州から、大型ショッピングセンター「親橙里」や未来ホテル「FlyZoo」をスタートさせている。それに伴い、これまでのECや金融、ビッグデータ関連だけでなく、リテールや物流などの多岐にわたるベンチャーが、さらに杭州に集まってきている。

アリババのニューリテール戦略の旗頭となっているのが、社内で2年間育てた後にスピンアウトさせた、スーパーマーケットのフーマフレッシュ(盒马鲜生)社である[9]。盒馬(フーマ)という言葉は「馬をパッケージしたもの」という意味を表しており、「アリババ会長である馬雲氏の発想をパッケージングしたビジネス」を示しているのではないか、と考えられている。カバ(河馬)も「フーマ」と発音されるため、カバがマスコットキャラクターに採用されている。

フーマフレッシュのニューリテール戦略には3つの特徴がある(図3-2)。まず1つめは、食品スーパーであると同時に、レストラン、EC向け倉庫、EC向け物流拠点、という4つの機能を併せ持った機能融合である。フーマフレッシュは、店舗を中心に半径3kmの商圏にいる人々

の生活の中心に入り込むことを狙いとしており、実店舗販売とECの境界線を完全に取り払っている。自社アプリの利用を義務付ける会員制の食品スーパーとしては、50％以上を海外から仕入れる豊富でオリジナリティの強い品揃えと、海鮮をメインにした新鮮な食材を提供する店づくりが行われている。魚や貝、エビ、カニなどの海鮮は、店内の水槽に生きたまま入れられ、購入するとすぐに調理カウンターで調理法と味付けを指定し、店内テーブルで食べることができる。イートインのレストラン機能を備えている。レストランは本格的な味であり、「シーフードを食べたいときはフーマに行く」は、中国人の間ですでに定番化している。

　そして、店内での販売以上に、店頭をショールームとした宅配ECを積極的に促している点がユニークである。店頭の商品札をアプリでスキャンすると、その場で宅配注文を選択することができる。3km以内は、最短30分で配送してもらえる仕組みがつくられている。そのため、宅配ECを選べば、わざわざ大荷物を持ち帰る必要なく、手ぶらで帰り、家で受け取ることができる。店頭はECのためのショールームであり、ECのための在庫置き場・物流拠点でもある。4つの機能融合によって、消費者は、店舗を訪問して買って帰ることも、店舗で食材を吟味して宅配ECで手ぶらで帰ることも、仕事帰りにEC注文をして帰宅と同時に食材を受け取ることも、すべて可能となっている。その卓越した利便性から、フーマフレッシュの3km圏内に入る「フーマ区」は、名門小学校、地下鉄駅と並び不動産選択の条件にまでなってきている。

　フーマフレッシュは、単位面積当たりの売上で、既存スーパーの3.7倍を実現しており、そのうち50％以上が宅配ECによるものとなっている。フーマフレッシュは既存スーパーの売上の5倍達成を目標に掲げており、実店舗、EC、それぞれ単体では頭打ちになってきていた状況下

で、まさしくニューリテールとして輝きを放っている。

2つめの特徴は、アプリ中心設計である。**第2章**で紹介したLuckin Coffee（瑞幸珈琲）と同じように、フーマフレッシュでの買い物も、アプリありきのものとなっている。アプリのダウンロードが一歩目、店頭で商品の札をアプリでスキャンするのが二歩目になる。その後に、オフライン（店舗）で購入・受け取りをするか、オンライン（宅配EC）で購入して自宅受け取りをするか、を選ぶ。前者であれば、セルフレジでアプリを開き、紐づけられたAlipayで決済。顔認証決済が可能な店舗も多い。消費者が現金支払いに固執した場合でも、専用カウンターで現金を受け取り、アプリに購入記録を転送するようにしており、アプリの使用は徹底されている。後者であれば、商品売り場でAlipayによる決済で、商品はすぐに宅配用にピックアップされる。

商品札のスキャン時には、アプリ上に商品の産地や栄養素などの詳細データが表示される。商品札はすべてデジタル化されており、価格変更や在庫数をリアルタイムで更新していくことが可能になっている。アプリのUI（User Interface）は、店内で開く場合と、店外で開く場合では異なるよう設計されており、店外のECでは不要なスキャナーとAlipayコード表示はメイン画面から外されている。フーマフレッシュのアプリから決済させることで、会員登録時の顧客データと、Alipayによる購入データは紐づけられ、より精緻な顧客分析が行われている。こうした最先端の取り組みが、実験段階ではなく実践され、売上として成功を収めているのである。そのため、多くの国の小売業がフーマフレッシュの視察に訪れている。

3つめの特徴は、体験価値の提供である。フーマフレッシュのリアル店舗としての大きな売りは、海鮮である。店内の巨大な水槽では、魚やカニが泳いでいる（図3-2）。海鮮に力を入れることによって、他のスー

パーとの差別化を明確化している。また、フーマフレッシュの店内の天井にはレールが配置されている。EC注文が入ると専用部隊が店内の商品を専用バッグに詰めていき、注文商品を揃えると専用クレーンに載せ、天井のレールで運ばれていき、バックヤードの配送エリアへと届けられる。この様子は、多くの初来店客が写真に撮って面白がり、SNSで拡散されていった。まさしくオフライン（店舗購買）とオンライン（宅配EC）が共存している様子である。また、お菓子作りなど、店頭での体験機会を提供するイベントが定期的に開催されている。こうした水槽展示や天井レール、体験イベントは、店に行って初めて味わうことができるエンターテインメント的な体験価値であると同時に、商品構成・店舗空間における差別化、EC配送におけるピッキングの効率化といった機能的な価値にもなっている。

　オンラインとオフラインを融合させて同一の顧客体験を提供しようとするニューリテールの市場には、アリババのフーマフレッシュの他、JD.com（京東商城）の7フレッシュ、美団の小象生鮮など、競合が増えていっているが、フーマフレッシュの一人勝ちの状態が続いている。フーマフレッシュは、2016年、上海に1号店をオープンさせると主要都市に出店を加速し、数年以内に2,000店舗まで急拡大させていく方針を発表している。フーマフレッシュは、半径3km以内に30万戸の家庭があることを出店場所の選定基準としており、都市部に限定されたビジネスモデルとなっている。

　杭州は、金融と国際ビジネスが盛んな上海から近く、家賃が上海よりも安価であることから、起業家の卵にとって住みやすい街である。アリババ城下町として起業のエコシステムが形成され、ビジネスチャンスに満ちた環境も整っている。杭州の人々の幸福度指数は、中国の都市の中で最も高いと言われ、生活環境と起業環境のバランスに優れた都市とし

Chapter **3** イノベーション拠点となる「北上杭深」

て発展を続けている。

4 アジアのシリコンバレー、深圳

　深圳は、いまや「アジアのシリコンバレー」、「ハードテックのシリコンバレー」と呼ばれるテック系ベンチャーの集積地として世界的に有名である。生産拠点が集積する「世界の工場」と呼ばれる広州に近く、ビジネスの盛んな香港には隣接していることから、製造に強みを持つベンチャーが次々に誕生していく場所になっている[10]。広州には高速鉄道で30分、香港には地下鉄で容易に行き来することができる。中国最大のメガ・ベンチャーのテンセント（腾讯）社、世界のスマホ大手のファーウェイ（華為技術）社、世界最大のドローン・メーカーのDJI（大疆創新科技有限公司）社など、多くの巨人が深圳から生まれている。各プレーヤーについては、**第Ⅱ部・第Ⅲ部**の文脈のなかで後述している。2016年、深圳は国際特許の数で中国国内トップの都市になっており、ハイテク産業の集積地であることから生産額が大きく、深圳の1人当たりGDP（Gross Domestic Product／国内総生産）も国内トップである。

　しかし、1980年まで深圳は小さな漁村にすぎなかった。市場経済の導入を進める「改革開放」のなか、深圳は経済特区に指定されたことによって、国内の労働力と、外からの投資が集中していくようになった。隣にある香港からの投資の受け皿となり、急成長を果たしていった。各種の優遇措置にひかれて多くの企業が進出し、国内各地からは多くの若者の労働力が流入してきた。そして、北京や上海のように既存の有力国有企業がいなかったことで、深圳市政府は、創業を促進して企業規模に

関わらずにハイテク分野へ集中投資していく道を選んだ。市政府は「補助金よりも、自由に工夫をして商売を行う権利が欲しい」と党中央に主張して独自路線を進み、その結果、深圳は起業家にとって、機会が平等に与えられる、やりがいのある場所として成長を遂げていくことができた。

1990年代から、家電やIT機器の生産拠点として発展していき、台湾の鴻海精密工業社が巨大工場を設置したことで、多くの部品製造企業が集積していった。下請けの集積地として、モノを安く作れる場所として、発展を遂げていくことになる。産業集積によって、深圳では100km圏内に、設計から部品調達、組み立て生産、品質検査などの各機能を担う企業が揃い、短サイクルで生産と改良を回せるようになっていった。世界第3位のコンテナ港の深圳港と、市内に位置する深圳宝安国際空港のおかげで、3日以内に世界の9割以上の都市に製品を届けられる交通アクセスも整えられた。そうした強みを活かし、低品質低価格の模倣品製造の場から始まり、高品質高価格にも守備範囲を広げ、さらには高品質中価格のプロダクトを生み出せる唯一無二の場所へと発展していった。

2008年、リーマンショックの影響で外資の撤退が相次ぐと、深圳市政府は「騰籠換鳥（籠を空けて鳥を換える）」の方針を打ち出し、労働集約型産業から技術資本集約型産業へ焦点を移行させ、深圳独自のイノベーション創出を促進させていく選択をする。その流れから、テンセント、シャオミ、DJI、さらにはスマホ製造のZTE（中興通訊）社、EVのBYD（比亜迪）社など、多くのメガ・ベンチャーとユニコーンが大きく羽ばたいていった。2015年に発表された「深圳市促進創客発展三年行動計画」では、低コストでオープンなメーカースペース（衆創空間）の市内200カ所設置や、メーカーに特化した人材・教育・サービスの整備など、深圳

独自の発展を継続させていっている。

　深圳には、ハードテックに特化したイノベーション創出拠点としてのエコシステムが形成されている。革新を生み出すために必要なヒト、モノ、カネが揃っている。まずヒトに関しては、経済特区指定の以前には人口3万人の漁村だったのが、2016年には1,191万人へと跳ね上がっている。その大部分は、他都市から入ってきたビジネスパーソンであり、平均年齢は32.5歳と極めて若い。そして、そのうち7割は深圳に戸籍を置いていない。また、海外からの海亀族（帰国子女組）の人材が、8万人以上入ってきている。それだけ、海外経験者にとっても魅力に溢れた企業と環境の揃った都市になっている。

　深圳の中心部には、日本の秋葉原の30倍規模の電気街「華強北」がある。華強北は、部品供給の市場となっており、パソコン、スマホ、ドローンなどあらゆる電子部品を手に入れることができる。中小規模の3,000店舗が集結する10階建てのビルが28棟も並び立ち、全体の来訪者は1日あたり50万人を超えるという。このモノを仕入れる巨大マーケットの周囲には、ベンチャー製品を製造するメーカースペースが250カ所以上存在し、華強北で部品を仕入れてメーカースペースに持ち込めば、すぐに試作品や製品の製造が実現できる。ここでは部品の製造から、設計、調達、組み立て、検査のサプライチェーンを高速で回すことができることから、「深圳での1週間は、シリコンバレーでの1カ月」と言われるほどに特別な環境となっている。ベンチャーにとって、プロダクトの市場投入と改良のサイクルを早く回せるということは、それだけコストの節約に直結するため、深圳は拠点を構える理想的な場所であると言える。

　ベンチャーが次々に成功していくことで税収は増え続け、一方で若者が多く、65歳以上は2％しか存在しないことから社会保障支出は抑えら

れるため、財政豊かな深圳市は、ベンチャー支援に多額の補助金を支出することができている。例えば、理工系のエリートが揃う清華大学は、深圳に大学院を開いており、1万人以上の修士・博士の卒業生を輩出しているが、ここには市政府から年間3億元（約50億円）の科学研究費が提供されている。深圳には大規模VCだけでも100社以上が存在し、VC投資も盛んに行われる。テンセントやファーウェイによる先物買いのベンチャー投資も活発に行われている。

　深圳のなかでも、2015年6月に市政府主導で開設された、南山区の「深圳湾創業広場」はエコシステムの主要舞台となっている[11]。深圳湾創業投資ビル、深圳湾科学技術生態園、深圳市ソフトウェア産業基地、深圳湾イノベーション科学技術センター、創智ビル、生物医薬産業園などが集積する一大拠点となっており、テンセントの本社をはじめとして18棟の高層ビルが立ち並び、300社以上が入居し、そのうちの7割はテック系が占めている。バイドゥ、アリババ、テンセント、ファーウェイのBATHはもちろん、中国のITトップ50社はすべて入居している。ベンチャーやメーカーをサポートする組織や企業も集積しており、テンセントが運営する「騰訊衆創空間」、EC大手のJD.comの「京東智能」など50以上のインキュベーター、アクセラレーター、メーカースペースが集まっている。金融機関も25社が進出しており、ベンチャーのサポート体制は多面的に構築されている。同施設を管理する深圳市投資ホールディングカンパニーが動かす資金の総額は、4,500億元（約3兆1,500億円）にのぼるという。華強北で生まれるベンチャーは、南山区の深圳湾創業広場を目指していく。2016年、深圳は中国トップの国際特許数1万9,648件だったが、そのうち1万389件が南山区からのもので、深圳のイノベーションの心臓部となっている。なお企業別では、第1位がZTE社で4,123件、第2位がファーウェイの3,692件だった。

自社の周囲にベンチャーを呼び集めるキープレーヤーであるメガ・ベンチャーの「産」、創業時だけでなくグロースのプロセスも手厚い優遇政策で支援する市政府の「官」、積極的な起業教育と優秀な人材輩出でイノベーション創出の黒子となる大学・研究機関の「学」。「北上杭深」の4都市は、産官学がそれぞれに機能し、好循環を生み出すことによってイノベーション拠点となり、中国経済の成長を牽引している。そして、まだまだ他の沿岸部の都市や、未発展の内陸部が、更なる成長材料として控えている。その意味では、中国ビジネスは余力を蓄えている現状であると言える。

註

1 ——Tech Crunch「世界的に成長中のVCマーケット、主に中国が貢献」を参照。（https://jp.techcrunch.com/2018/10/15/2018-10-13-international-growth-primarily-in-china-fuels-the-vc-market-today/）

2 ——一般財団法人ベンチャーエンタープライズセンター「アジア・スタートアップ通信　Vol.7「杭州の躍進」」を参照。（http://www.vec.or.jp/2018/07/17/asia-7/）

3 ——日本経済新聞「北京・杭州・上海・深圳、しのぎ削る中国ユニコーン　スタートアップ紅い奔流（上）」、日本経済新聞「中国創業の中心4都市に集中　地域色、業種様々」、日経ビジネス「エリートを起業家に育てる北京の清華大学」、北京観光「北京、起業・イノベーションの実行拠点が20カ所に」、ビジネス＋IT「北京が世界2位のユニコーン都市になった、ホントの理由」、およびThe SV Startups 100「シリコンバレーのVCが語る「注目の投資トレンドと世界のスタートアップエコシステム」」を参照。（https://www.nikkei.com/article/DGXMZO38600200V01C18A2970M00/）、（https://www.nikkei.com/article/DGXMZO36560790W8A011C1FFE000/?n_cid=SPTMG002）、（https://business.nikkei.com/atcl/report/16/030900211/042300004/）、（http://japan.visitbeijing.com.cn/a1/a-XCX9RO2083799E6597BE3D）、（https://www.sbbit.jp/article/cont1/35446）、（https://svs100.com/dcm/）

4 ——コンピューター・サイエンスのランキングはCS Ranking 2016年から2018年9月のデータ、最も影響力がある大学ランキングは2017年10月24日時点のデータ、にそれぞれ基づく。ビジネス＋IT「北京が世界2位のユニコーン都市になった、ホ

ントの理由」を参照。（https://www.sbbit.jp/article/cont1/35446）

5 ──HARBOR BUSINESS Online「MITが注目する中国「メグビー」の顔認証技術。双子も見破り中国公安当局も活用」、Forbes JAPAN「中国政府の監視カメラを支えるAI企業、メグビーを生んだ31歳」、およびGloTechTrends「China Money Networkが中国人工知能関連企業TOP50社を公表！（まとめ）」を参照。（https://hbol.jp/137166）、（https://forbesjapan.com/articles/detail/26349）、（https://glotechtrends.com/china-ai-top-50-181126/）

6 ──事業構想「年間7万社が起業　国際都市・上海から羽ばたくユニコーン企業」、FASHION NETWORK「資生堂が上海に「中国事業創新投資室」を設置　現地主導のイノベーション目指す」、およびChairech「【联影医疗（United Imaging）】外資独占の牙城を崩した医療機器会社：中国ユニコーンFile018」を参照。（https://www.projectdesign.jp/201712/world-venture-companies/004233.php）、（https://jp.fashionnetwork.com/news/資生堂が上海に──中国事業創新投資室を設置──現地主導のイノベーション目指す,1046570.html#.XMfm1vZuJPY）、（http://chaitech.jp/unicorn/0054/）

7 ──Chairech「【联影医疗（United Imaging）】外資独占の牙城を崩した医療機器会社：中国ユニコーンFile018」より引用。（http://chaitech.jp/unicorn/0054/）

8 ──一般財団法人ベンチャーエンタープライズセンター「アジア・スタートアップ通信　Vol.7「杭州の躍進」」、SankeiBiz「杭州が中国都市間の人材争奪戦でリード」、「杭州、アリババを育んだ古都　世界遺産「西湖」などの景勝地も」、Glo Tech Trends「アリババ城下町「未来科技城」が未来都市へと変貌中！杭州のドリームタウン（夢想小鎮）一角にはスタートアップが集結！」、「杭州「未来科技城」に5Gイノベーションパークが誕生！スタートアップ生態系が5Gでアップグレード？」、Forbes JAPAN「G20で注目、中国杭州市について知っておくべき事柄　アリババの本拠も」、および中華IT最新事情「アリババの社員はなぜ毎日喜んで残業するのか」を参照。（http://www.vec.or.jp/2018/07/17/asia-7/）、（https://www.sankeibiz.jp/business/news/180517/prl1805171651122-n1.htm）、（https://www.sankeibiz.jp/smp/macro/news/181204/mcb1812040500003-s1.htm）、（https://glotechtrends.com/hangzhou-dream-town-180302/）、（https://glotechtrends.com/hangzhou-5g-innvation-park-190122/）、（https://forbesjapan.com/articles/detail/13501）、（http://tamakino.hatenablog.com/entry/2018/04/09/080000）

9 ──ONE HUNDREDTH「Amazonの先を行く食品スーパー「盒馬鮮生」」、中華IT最新事情「新小売戦争は、アリババ「フーマフレッシュ」の独走状態か」「面積あたりの売上3.7倍。宅配売上50％超。アリババ「フーマフレッシュ」の秘密（上）（下）」「フーマフレッシュがマンション価格を押し上げる？新たな住宅選び基準「フーマ区」」、飛天ジャパン「フーマー・フレッシュ（盒馬鮮生）に注目」、およびCNET JAPAN「アリババが作った新しいスーパーマーケット「盒馬鮮生」──人海戦術でO2Oに対応」を参照。（http://horamune.hatenablog.com/entry/2017/07/27/

182224)、(http://tamakino.hatenablog.com/entry/2018/08/30/080000)、(http://tamakino.hatenablog.com/entry/2018/06/26/083000)、(http://tamakino.hatenablog.com/entry/2018/06/27/080000)、(http://tamakino.hatenablog.com/entry/2019/04/18/080000)、(https://ftsafe.co.jp/blog/freshhema/)、(https://japan.cnet.com/article/35118162/)

10 ──週刊東洋経済（2017）、沈（2018）、CAPA「深圳が中国のシリコンバレーと呼ばれる理由とは」、日経ビジネス「深圳の1週間はシリコンバレーの1カ月」、PRESIDENT Online「中国成長の心臓部「深圳」を襲う初の試練」、およびlogmi Biz「速さと安さと柔軟性──中国・深圳がハードウェアのシリコンバレーと呼ばれる理由」を参照。週刊東洋経済（2017）『週刊東洋経済eビジネス新書 No.216 中国の製造業はこんなにスゴイ！』東洋経済新報社。沈才彬（2018）『中国新興企業の正体』KADOKAWA。(https://www.capa.co.jp/archives/17903)、(https://business.nikkei.com/atcl/report/16/030900211/030900001/?P=1)、(https://president.jp/articles/-/26972)、(https://logmi.jp/business/articles/58682)

11 ──週刊BCN+「中国のシリコンバレー、深圳」、深圳不動産NAVI「中国の『IT50強企業』すべて深圳湾創業広場に！ 18棟の高層ビルに約300社以上が入居中。」、DIGITAL BUSINESS BLOG「深圳ベンチャーの中心地はVC投資8兆円！ ソフトウェア産業基地」、週刊現代「中国に出現した「未来都市」深圳で見た驚くべき光景」を参照。(https://www.weeklybcn.com/journal/news/detail/20170531_156131.html)、(http://fudou3navi.cn/column/中国の『IT50強企業』はすべて深圳湾創業広場に集)、(http://digitalbusiness.jp/2018/09/softwarepark/)、(https://gendai.ismedia.jp/articles/-/54302)

Part **II**

think
"INNOVATION
DRIVERS"

Part **II**   think **"INNOVATION DRIVERS"**

- ☑ Chap. **4** **Energy** of **start-ups**
- ☑ Chap. **5** **Marketing insight**
- ☑ Chap. **6** **Marketing mind**

Chapter 4　**Energy of start-ups**

革新を活性化させる
ベンチャー起業

　日本からイノベーションが生み出され続けるように変わるためには、何を、どのように変化させることが必要となるだろうか。ここからは、日本のビジネスパーソンひとりひとりが目をそらさずに向き合い、考えと行動を変化させていくべき3つの要因にフォーカスを合わせていく。1つめの要因は、主体として、また競争環境に劇的な刺激をもたらし市場を進化させるカンフル剤として、イノベーション創出のエネルギー源となる「ベンチャー起業」である。2つめは、新しい価値の種を見つけ、価値として育み広める役割を担う「マーケティング」である。そして3つめには、変化と革新を推進できる発想や思考、価値観を備えた「ヒトと組織」の要因があげられる。この、ベンチャー起業、マーケティング、ヒトと組織、という3つのイノベーション・ドライバーが更新されて初めて、イノベーション創出のエコシステムは整えられる。ここからは、「イノベーションはなぜ日本から消えたのか」、そして、「なぜ米中からは生み出されているのか」について、3つのイノベーション・ドライバーを通じて考えていこう。

　まずはベンチャー起業の重要性について掘り下げてみよう。企業は、起業した時点で図4-1にある2つの道のどちらかを選択することにな

図4-1 ▶ 2種類の成長曲線

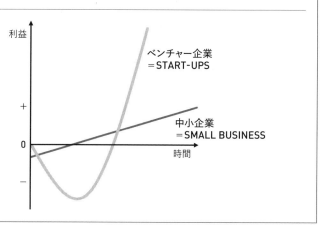

出典：村元・永井（2018）。

る。中小企業としての成長曲線を歩むか、ベンチャー企業（Start-ups）としての成長曲線を突き進むか。この2つに優劣はないが、市場に劇的な変化をもたらし、革新を創り出そうと挑戦していくベンチャーの起業が増えることによって、イノベーション創出は活性化していく。その結果は、アメリカと中国が存分に証明してくれている。生まれながらにハイリスク・ハイリターンで革新性を発揮する主体として、そして、既存企業の革新性を誘発させるライバルとして、その国のビジネス全体の革新を活性化させるベンチャー起業について、中国をベンチマークしながら説明していこう。

1 革新性を発揮・誘発するベンチャー

　大企業と中小企業の境界線には、業種ごとにヒトとカネの大きさによる明確な基準が存在する一方、ベンチャー企業はあやふやな存在である[1]。ベンチャー企業の説明としては、「起業家精神に富み、新商品・新サービスの開発といった創造的な事業活動に取り組む中小企業」[2]というものがあるが、これでは「ベンチャー」と呼ばれない「中小企業」が、優れた起業家精神や革新的なプロダクトを生み出す創造性を持ち合わせていないかのような誤解を招いてしまう。中小企業（Small Business）のなかにも、家族経営の小規模企業であってなお、革新性を発揮し続ける企業は多数存在している。そのため本書では、ベンチャー企業について、より本質的に、「短期間で、急激な事業成長と規模拡大を狙う新興企業」[3]と定義し、この言葉を使用していく。

　速度と目標設計の2つが、中小企業とベンチャー企業の境界線となる。比較的に、前者はゆっくりと適正規模で適正成長する道を歩いていく一方、後者は、通常では考えられない速度で、規格外の大きさの目標を立てて全力疾走を続ける。単純化すれば、前者はシングルヒットを重ねて打率3割を狙う存在であり、後者は打率1割に満たなくてもいいから満塁ホームランを狙う存在と言ってもいい。速度と目標設計、つまり「Get Big Fast（早く、大きく）」か否か、が境界線になる。

　VC（Venture Capital）から資金調達をしているから、あるいは、ITやテクノロジー関連のビジネスをしているからと言って、「Get Big Fast」を志向していなければ、その企業はベンチャー企業ではない。その意味では、日本における「ベンチャー」や「大学発ベンチャー」、「ベン

チャー・ブーム」といった冠を着けられている新興企業の大半は、急激な事業成長と規模拡大を志しておらず、Small Businessを展開する中小企業である。「自称ベンチャー」であり、「スモールビジネス・ブーム」と呼んだ方が実態にふさわしい。

　大企業、中小企業、そしてベンチャー企業という3つのプレーヤーは、それぞれにイノベーションを生み出していくが、それぞれに特徴を持っている。大企業によるイノベーションは、企業規模の大きさを活かして、ビジネス・インパクトの大きな革新を広く普及させていくことができる。その反面、イノベーションを目指す新規事業が、自社の既存主力事業と棲み分けられるかどうか、顧客を喰い合って自社の首を絞めることにならないかどうか、といったビジネス領域の整合性に関する制約が発生しやすい。イノベーションの新奇性という点では、大企業のイノベーションには支障や限界が伴いやすい。

　中小企業は、新奇性が高く、魅力的で、かつ高い価値を有するイノベーションを生み出すことができる。大企業に比べて資本やステークホルダーが身軽で、自社の既存事業を更新していきやすい。一方、中小企業には企業規模の小ささという制約がついて回るため、イノベーションを産業全体、国全体、あるいはグローバルにまで広げていくスピードとボリュームを実現させることは困難になる。中小企業のイノベーションは、ニッチ市場を対象としたプロダクト・イノベーションとして、ビジネス・インパクトは比較的小さなものに留まる傾向にある。

　それに対して、ベンチャー企業は、新たなイノベーション創出の制約となるような既存事業を持っておらず、新奇性に関する縛りがない。また、一気に企業規模を拡大させていくことで、ビジネス・インパクトも大きなものへと急成長させることが可能である。ベンチャー企業は、新奇性が高く、既存の枠を壊すような、ビジネス・インパクトの極めて大

きなイノベーションを生み出すことができるポテンシャルを持ったプレーヤーである。

　急速に成り上がっていくベンチャーによるイノベーションの力は大きい。ベンチャー企業のうち、半分以上は失敗に終わり、ユニコーンにまで成長を果たすことができるベンチャーは1％に満たないと言われている[4]。ユニコーンのさらにその先の、GAFA（Google（グーグル）・Amazon（アマゾン）・Facebook（フェイスブック）・Apple（アップル））級のメガ・ベンチャーとなると、運と実力を兼ね備えたまさしく奇跡的な存在だが、メガ・ベンチャーによるイノベーションは、社会と市場に劇的な大きさのインパクトをもたらす。既存の産業構造にメスを入れ、未来の産業と雇用を創り出していく。また、ヒトの想像力を実現し、既存の当たり前を塗り替え、新たな当たり前となるライフスタイルを構築していく。「産業構造を変革し、ライフスタイルを更新していく」ほどに大きなインパクトを持つメガ・ベンチャーズ・イノベーションは、あらゆる産業において現在進行形で創出されており、そのインパクトは今後10年間で200兆円規模の経済効果をもたらすという[5]。だからこそ、メガ・ベンチャーの誕生を夢見て、ベンチャー起業を重要視し、奨励していく意義は大きい。しかし、日本からグローバルなメガ・ベンチャーに飛躍する可能性を示せているのは、2019年時点ではソフトバンク1社に限られていると言っても過言ではない。

　ベンチャーを起業するヒトにとって、少なくとも既存企業に社員として入社することと比べれば、自らの責任のもとに会社を興し、社員を雇い、資金を調達していくことはハイリスクである。そのハイリスクを背負うことを自覚したうえで、それでも既存企業の社員になる場合以上の期待値、ハイリターンを掴み取りたいから、起業することになる。経済的価値（年収）、社会的地位（出世）、理想の実現（ビジネス内容）などにおい

て、既存企業の社員になった場合では叶えることができない、自身がやってみたいことを、自身の思い描く方法で、今すぐに実現するために、挑戦したいからベンチャー起業の道を選択する。

ベンチャー企業とは、もともと既存の構造や常識を変革するために挑戦する使命を持ったプレーヤーである。ベンチャーの存在と躍進は、イノベーション創出を促進し、経済成長の源となる。さらに、新たなベンチャーが次々と現れ、活躍していくことによって、市場の競争環境は刺激され激化し、既存企業は現状に甘んじることなく切磋琢磨して進化していくようになる。死に物狂いの競争環境のなかでこそ、進化は加速する。過去の成功体験にしがみついていたら、あっという間に、後方から走ってきた新興のベンチャー群に追い抜かれされてしまうからだ。ベンチャーは、革新と成長を生み出し、市場の新陳代謝を促進させ、競合他社の革新と成長までをも促進させていく。

Microsoft（マイクロソフト）社による8年ぶりの世界トップ奪還は、まさしく上述の様相を表している[6]。1975年に創業された同社は、パソコン全盛の時代にOS「Windows」とビジネス用ソフト「Microsoft Office」で支配的なシェアを獲得し、世界のトップを掴んだ。しかし、ガジェットの主流がパソコンからスマートフォンに移行するにつれて、メガ・ベンチャーのGAFAに次々と追い抜かれていった。検索はグーグル、スマートフォン機種はアップル、スマホOSはグーグルとアップル、クラウドではアマゾン、がそれぞれ覇者となり、マイクロソフトは「スマホ時代に乗り遅れた過去の王者」と言われるようになっていった。

GAFAに対抗するため、マイクロソフトは自社のミッション、カルチャー、そしてビジネスモデルに大改革を実行することを決意する。2014年、初代のBill Gates氏、2代目のSteve Ballmer氏に続く3代目のCEO（chief executive officer／最高経営責任者）に就任したSatya Nadella氏は、

売上高10兆円、社員12万人の巨大企業をつくり替えていった。インド出身の同氏は、21歳で渡米し、1992年にマイクロソフトへ入社して以来、20年以上にわたって同社のビジネスを知り尽くした人物だった。外から新しい頭を持ってきたのではなく、内部から企業をつくり替えた点からも、同氏による改革は特出すべきものとなった。

　まず企業のミッションとして、かつて「すべてのデスクと、すべての家庭に1台のコンピュータを」と掲げていたものを、「Empower every person and every organization on the planet to achieve more.（地球上のすべての個人とすべての組織が、より多くのことを達成できるようにする）」とつくり替えた[7]。このミッション・ステートメントを上層部から現場まで、全社員に浸透させ、ヒトと組織のマインドを一新させた。そして、成長しよう、リスクを取ろう、と呼びかける「グロース・マインドセット」。モバイル、クラウドの領域に挑戦者として挑んでいく「モバイルファースト、クラウドファースト」。この2つの単語を社内で多用し、保守的な大企業としての体質を改革していった。

　そして、ミッションとカルチャーの変化を、ビジネスモデルとして具体化していくことになる。クラウドファーストを進めるため、売り切り型のソフト「Microsoft Office」から、継続的な課金で収益を稼ぐサブスクリプション型の「Office 365」へと移行していった。企業向けのITシステムも、クラウドサービス「Azure」へと置き換えた。その結果、クラウドサービスの売上は、2016年の95億ドルから2018年には232億ドルへと約2.5倍に増加させることに成功した。この成功のカギとなったのが、これまで同社がコアコンピタンスとしてきた、ソフトウェア開発において自前主義を貫くクローズド型のビジネスプロセスを、競合他社と積極的に提携するオープン型のビジネスへと一転させた方針転換である。クラウドファーストを実現させるためには、自社プロダクトに限

らず、他社プロダクトからもクラウドサービスを利用してもらえるようにして、クラウド利用者を増やしていく必要があった。そのために、Nadella CEO自らがシリコンバレーの競合各社を訪れ、Oracle（オラクル）、salesforce.com（セールスフォース・ドットコム）、そして最大のライバルだったアップルとも提携を結んでいった。

　さらに、現在進行形でのクラウド領域の確かな成長に加え、近未来の、次の成長に対する期待値の大きさも、株価を上昇させる要因となった。それが、AR（Augmented Reality／拡張現実）とVR（Virtual Reality／仮想現実）を組み合わせたMR（Mixed Reality／複合現実）の専用デバイス「HoloLens（ホロレンズ）」である。ゴーグル状のホロレンズを頭にセットすることで、現実世界の視界の中に、3D映像が浮かび上がり、視線、音声、ジェスチャーで操作することができ、複数人での同時体験や、自身の視界の共有も可能となっている。2016年から発売を開始し、医療現場でのトレーニングや建設・自動車における開発・設計・発表、作業の遠隔指示など、B2B（Business to Business）市場においてはすでにリーダーのポジションを掴んでおり、B2C（Business to Customer）市場への拡大も期待されている。このMR事業も、リスクを取り、次の成長に向けて果敢にチャレンジをするという企業文化の改革を反映したビジネスになっている。

　研究開発能力やビッグデータ解析、ブランド力といった従来の強みとともに、サブスクリプション型・オープン型のビジネスや、新規テクノロジー市場開拓など、新たな強みを手にしたマイクロソフトは、2018年11月26日、8年ぶりにアップルの時価総額を上回り、世界トップの座を奪回した。その後、アップル、アマゾンとのデッドヒートは続いているが、2019年4月24日には、アップル、アマゾンに続く世界で3社目となる時価総額1兆円突破を果たし、2019年5月時点において世界

トップの座を掴んでいる。GAFAは、各社それ自体がイノベーションを生み出していくとともに、既存のライバル企業に強烈な危機感と刺激を与えている。その結果、マイクロソフトは自社の内部を革新し、更なる飛躍を果たすことができた。

2 ▶ 中国におけるベンチャー施策とイノベーション施策

　このように、ベンチャー起業は、イノベーション創出のために欠かせない要因の1つとして、イノベーションと切り離さずに、セットで考えていくべきテーマである。そして、両者をセットで推進することで、中国は一国単位での経済成長とイノベーション創出を実現させていっている[8]。

　中国における起業奨励の環境整備は、中国経済の牽引役となっていた多くの大企業が倒産に追い込まれた、2008年のリーマンショックをきっかけに本格的に推進されていった。まず、経済再生を目的として、2010年に「戦略的新興産業の創出政策」が発表され、企業の研究開発力向上への支援策や、企業年金からのベンチャー投資を可能にする規制緩和などが実施された。2014年には、李克強総理がダボス会議で「大衆創業、万衆創新（大衆による創業、万人によるイノベーション）」を提唱し、その翌年、起業を促進する制度改正や減税、資金提供、人材育成支援などの方針が政府活動報告に盛り込まれた。「大衆創業、万衆創新」の発表後、2年半の間に400を超える政策が施行された。

　こうした政府主導の環境整備によって、VCにも豊富な資金が流れ込むようになっていった。2005年からの10年間で、中国のVCの企業

数は319社から1,775社へ5倍以上に、投資資本の総額は631億元（約1兆700億円）から6,653億元（約11兆3,000億円）へと10倍以上に、それぞれ跳ね上がっている。2016年の中国VCの資金源の内訳を見てみると、政府と国有企業が最も多い35.3％、民間の機関投資家が14.4％、個人12.0％、混合所有企業5.2％と続いており、国主導で資金が回っていることが分かる。

　人材の主力となっているのは、海外留学からの帰国子女組（海亀族）、国内の大卒者、そして既存企業からの流出者である。なかでも、海亀族の人材は、2001年には1.2万人だったのが、各市政府の海外人材招集政策が功を奏し、2010年には13.5万人、2016年には43万人にまで増加していっている。このなかには、アメリカの名門大学であるMIT（マサチューセッツ工科大学）やスタンフォード大学の卒業者が多数含まれており、中国ベンチャーの重要な戦力となっている。起業者を集めるために、各市政府は潤沢な資金を提供している。深圳では、1人当たり1,400万～2,500万円の支援金が用意され、有望なプロジェクトには最大で約14億円ものプロジェクト資金が無償提供される。このなかから、世界最薄となる薄さ0.01mmのフルカラーの有機ディスプレイや折り畳み式スマートフォンを実現したユニコーンで、スタンフォード大学を卒業した刘自鴻氏が創業したRoyole（柔宇科技）社などが輩出されている。中国における、チャイニーズ・ドリームを目指すベンチャー起業は、中国政府の狙いどおりに活発化していっており、創業社数は、2010年の年間176万社から、2016年には553万社にまで増加している。

　同時に、イノベーション政策も具体化され、次々に実施されていっている。規制を最小限に留め、イノベーション創出を後押しする中国政府の方針や、個人情報の提供に寛容な国民性が土台となり、中国が新たなビジネスやイノベーションの創出に向けた世界最大の実験場になってい

る様子は、**第1章**で詳しく述べたとおりである。2015年には「中国製造2025」が発表され、建国100周年の節目となる2049年までに、世界の製造強国としての地位を築くことが目標として掲げられた。これは、中国企業のグローバル市場における成長目標と市場シェア目標を設定し、ロボット、次世代情報技術、バイオ技術などの最先端テクノロジーの産業分野で、中国企業を世界のトップへと導く国単位でのイノベーション戦略である。

中国における製造業は、急発展の結果、2012年には付加価値額でアメリカを上回る2.62兆ドルを達成し、世界トップの製造大国となった。ただし、量では世界トップになっていても、質においては、技術水準や先進性の面で先進国には届いていないことを中国は自覚している。そのため、自主的なイノベーション創出能力、資源の利用効率、品質や生産効率、などの更なる改善に取り組むために「中国製造2025」を策定した。具体的には、2025年までをステップ1として、製造強国の仲間入りを目指す。2035年までのステップ2では、製造強国の中位レベルに到達する。そして、2049年までのステップ3において、製造強国のトップに立ち、世界のイノベーションの先導者となることを目標に設定している。

そうした目標を達成するために、「情報化・工業化融合の深化」というスマート製造を軸とした9大戦略目標[9]を設定し、「製造業イノベーション・センター設立」、「AI（Artificial Intelligence）スマート製造」、「工業基礎力強化」、「グリーン製造」、「ハイエンド設備イノベーション」という5大プロジェクトを強力に推進していっている。また、10大重点産業分野には、次世代情報通信技術（「新世代IT産業」）、ハイエンド設備（「先端デジタル制御工作機械とロボット」、「航空宇宙設備」、「海洋工程設備およびハイテク船舶」、「先進的軌道交通設備」、「省力と新エネルギー車」、「電力設備」、「農機

設備」の計7分野)、新材料(「新素材」)、バイオ・医療(「生物医薬および高性能医療機器」)、の4領域10分野が指定されている。指定産業に対しては、金融支援や基盤技術の向上支援などの施策が打ち出されていっている。

　例えば、2016年には国家初の製造業イノベーション・センターとして「国家動力電池イノベーション・センター」が北京に、2017年には「国家付加製造・新材料イノベーション・センター」が西安に、それぞれ設立された。2020年までに全国15カ所に国家イノベーション・センター、そして19カ所に省ごとのイノベーション・センターを設立する予定となっている。基礎技術強化に関しては、47種類、計61プロジェクトがすでに実施されており、プロジェクトへの投資総額は108億元(約1,800億円)にまで達している。

　さらに、2017年には「次世代人工知能発展計画」を発表し、2020年までにAIの全体技術と応用において、世界先進レベルに追いつき、1,500億元(約2兆5,000億円)規模のAI基幹産業と、1兆元(約17兆円)規模のAI関連産業のマーケットを実現することを目指している。これを2025年までには、AIの基礎的な理論研究において重大なブレークスルーを起こし、技術と応用で世界をリードして、4,000億元(約6兆8,000億円)規模のAI基幹産業と、5兆元(約85兆円)規模のAI関連産業のマーケットを実現。2030年までに、AIの基幹産業で1兆元(約17兆円)、AI関連産業で10兆元(約170兆円)の規模を達成し、中国を世界トップのAIイノベーション・センターと人材育成拠点へと発展させる、としている。

　その実現のため、教育、医療、健康、政務、司法、都市計画、交通、環境保護など多岐にわたるAI領域の研究開発を、国が有力企業に割り当て、分担してリードさせる方針を取っている。例えば、自動運転はバイドゥ(百度)、スマートシティはアリババ(阿里巴巴集団)、医療映像を中心としたヘルスケアはテンセント(腾讯)、といった具合である。各領

域で、企業同士が喰い合い、潰し合い、AIの発展が無駄な停滞をすることなく、また領域に偏りなくAI全般で中国が世界をリードしていくためにも、分担制を国主導で強行している。この先、中国における労働人口の減少は明らかであり、ロボットやAIなどの最先端技術を発展させ、工場のオートメーション化を進めることで、生産性の向上を図っていく。2017年時点で、AI分野の中国ベンチャーの資金調達額は48％と、アメリカの38％を上回り、すでに世界トップに立っているが、この流れをさらに推し進め、AI産業を中国経済の成長の新たな中心に据える考えである。

3 ▶ 中国ベンチャーが創り出す革新の特徴

　中国における革新と成長については、これまで触れてきたとおりだが、その革新には大きく分けて3つの特徴を見出すことができる。まず1つめは、イノベーション創出を担うプレーヤーの新陳代謝だ[10]。中国はもともと国有の大企業が圧倒的に強いビジネス環境だった。2008年時点では、中国国内のトップ25社のうち、民間企業は第11位のレノボ（聯想集団）社のみで、他はすべてが国有企業だった。それが10年後の2017年には、1位にテンセント、2位にアリババ、17位にバイドゥ、25位にJD.com（京東商城）、とメガ・ベンチャーが次々とランクインするように変わっている。ベンチャー起業からハイパー・グロースで急速に成り上がり、イノベーションを生み出していく。経済の新たな主役に躍り出てきたメガ・ベンチャー群と、その背後に控える無数のユニコーン群によって、中国ビジネスの構造と主要プレーヤーの構成は、大きく変化

していっている。

　新プレーヤーの大半は、A.I.（After Internet）型のベンチャーである。インターネット普及以前からあるビジネスや企業をB.I.（Before Internet）型と呼ぶのに対して、インターネット普及以後のIT系・テック系・ネットビジネスを展開する企業はA.I.型と呼ばれる。こうした、A.I.型のメガ・ベンチャーが続々と現れ、イノベーションを生み出し、経済成長を牽引し、市場の新陳代謝を促進させていく中国の構図は、世界の潮流と合致したものである。

　2007年5月時点の世界時価総額ランキングを見てみると、トップ10は、Exxon Mobil（エクソンモービル）（アメリカ）、GE（ゼネラル・エレクトリック）（アメリカ）、マイクロソフト（アメリカ）、Citigroup（シティグループ）（アメリカ）、ペトロチャイナ（中国石油天然気）（中国）、AT&T（アメリカ）、Royal Dutch Shell（ロイヤル・ダッチ・シェル）（イギリス・オランダ）、Bank of America（バンク・オブ・アメリカ）（アメリカ）、中国工商銀行（中国）、そしてトヨタ自動車（日本）、となっていた。B.I.型のエネルギーや金融、メーカーが主役であり、かろうじてA.I.型と呼べるのはマイクロソフト1社だった。それが2019年5月には、トップから、マイクロソフト、アマゾン、アップル、Alphabet（アルファベット（グーグル））、フェイスブック、Berkshire Hathaway（バークシャー・ハサウェイ）、とアメリカ企業が6社並び、中国のアリババ、テンセントが僅差で続き、アメリカのJPMorgan Chase（JPモルガン・チェース）とJohnson & Johnson（ジョンソン＆ジョンソン）が9位、10位となっている。世界のトップ10のうち、アメリカ企業が8社、中国企業が2社であり、米中合わせてA.I.型が7社を占めるまでに、ビジネスの主要プレーヤーは激変している。日本のトップは、世界第45位のB.I.型のトヨタ自動車である。

　この点において、日本は、アメリカや中国、ひいては世界と真逆の潮

流にいる。1996年12月時点の日本の時価総額ランキングは、トップからNTT（日本電信電話）、トヨタ自動車、東京三菱銀行、住友銀行、第一勧業銀行、富士銀行、日本興業銀行、三和銀行、松下電器産業、野村證券と並んだ。銀行をはじめとする金融と、モノづくりが強かったことが分かる。2019年5月はどうなっているかというと、トヨタ自動車、ソフトバンクグループ、NTT、キーエンス、NTTドコモ、三菱UFJ、ソニー、ファーストリテイリング、武田薬品工業、KDDI、である。統廃合を進めた銀行と、民営化された元国営企業が相変わらずランクインし、金融やメーカーなどのB.I.型が主役であり続けている。新陳代謝は止まっており、A.I.型のメガ・ベンチャーとして飛躍していっている新プレーヤーは、ソフトバンク1社だ。世界の潮流に乗ることが常に正解とは限らないが、日本経済が独自路線で成長できているならともかく、成長が停滞している現状を踏まえれば、A.I.型のベンチャーによる新陳代謝が起きていない日本の現状は、もっと問題視しなければならない。

中国ベンチャーによるイノベーションの2つめの特徴は、モバイル決済を前提とした、A.I.型のイノベーションに特化している点である[11]。2016年時点で、次のイノベーションの担い手となっていく中国ユニコーンを業種別に見てみると、上位4業種は電子商取引（31社）、フィンテック（17社）、エンターテインメント（16社）、モビリティ（13社）、で全体の56%である77社を占めている。モノづくりに関連したハード系のユニコーンは、わずか4社であり、大半をA.I.型が占めている。

本書で取り上げている中国のメガ・ベンチャーとユニコーンも、圧倒的多数がA.I.型である。BATHはもちろんのこと、**第I部で取り上げた**、シェアサイクルのofo（小黄車）とモバイク（摩拝単車）、コーヒー・チェーンのLuckin Coffee（瑞幸珈琲）、ネットメディアのバイトダンス（字節跳動）、宅配サービスの美団点評とウーラマ（餓了麼）、野菜購入プラット

フォームの美菜。これらはいずれも、アプリを用いたモバイル決済を前提としたビジネスを展開している。中国ベンチャーによる革新は、その大半が、アリババのAlipayとテンセントのWeChat Payというモバイル決済を前提としたデジタル・イノベーションになっている。モバイル決済が当たり前の支払方法として浸透している消費者に対して、新サービスをリリースし、データを蓄積する。そのデータ分析に基づき、資金を投入して、また新たなサービスをリリースし、データを蓄積する。このサイクルを回していくなかから、シェアリングサービスやO2O（Online to Offline）サービス、そして無人スーパーやスマートシティに関する革新が続いていっている。

中国ベンチャーによるイノベーションがA.I.型に特化しているという特徴は、逆に言えば、まだ中国にはB.I.型の伸びしろが大きく残されていることになる。だからこそ、前述の「中国製造2025」によって中国が製造強国となり、ハードに関するイノベーションも生み出していける未来が訪れたときには、中国がアメリカを抜き去り、世界を牽引する時代が現実のものとなる。そして、モバイル決済という入口の時点でつまずいている日本から、A.I.型の、デジタル分野のイノベーションが生み出されないことは、当然の結果なのである。A.I.型に強く、これからB.I.型も強くしていこうとしている中国。対照的に、B.I.型には強い日本は、A.I.型を強くすることができれば、飛躍の可能性が開けてくる。

3つめは、イノベーションを生み出していくベンチャーで働くヒトの傾向として、「起業家は30代」、「失敗を評価する価値観」、「高い人材の流動性」、そして「女性の活躍」、があげられる[12]。有力な中国ベンチャーの創業者の多くは、30代に起業している。創業時の年齢を見てみると、バイドゥの李彦宏氏は31歳、アリババの馬雲氏は33歳、テンセントの馬化騰氏は27歳である。前述したモバイクの胡瑋煒氏は32

歳、Luckin Coffeeの钱治亚氏は41歳、バイトダンスの張一鳴氏は29歳、美団点評の王興氏は31歳、美菜の刘传军氏は32歳、そして後述するYY（歓衆時代）の李学凌氏は32歳、シャオミ（小米科技）の雷軍氏は41歳となっている。ofoの戴威氏（24歳で創業）とDJI（大疆創新科技有限公司）の汪滔氏（26歳で創業）は学生ベンチャーだが、大半は、大企業やベンチャー企業で社員として勤務してから起業しており、多くがシリアルアントレプレナー（連続起業家）として複数社の立ち上げも経験している。

　この傾向は、世界も同様である。2005年以降に設立された、世界のユニコーン企業195社について調べた調査によると、創業CEOの50％以上が、創業時に35歳以上だったことが明らかになっている。創業者の50％は10年以上の勤務経験を経ており、また、自身の起業したジャンルとは直接関係していない勤務経験を有しているという。そして、60％はシリアルアントレプレナーだった。勤務経験や失敗経験を重ねたうえで、30歳を越えてからベンチャー起業に成功するケースが多いことは、中国と世界に共通する傾向になっている。

　シリアルアントレプレナーとして成功するということは、多かれ少なかれ、失敗を経験し、乗り越えて成功を掴んでいることを意味する。中国の経営者から高い支持を集めている、起業家の褚時健氏は、「人の能力は、どれだけ成功したかで判断するのではなく、失敗した時にどれだけリカバリーする力があるかで判断されるべし」[13]と述べている。褚氏は、紅塔集団を創業し、中国最大のタバコ事業を展開して成功を収めたが、自身が71歳のときに不正会計によって逮捕される。出所後、友人から借りた1,000万円を元手にオレンジ農園事業を起業し、85歳で再び億万長者に上り詰めた。

　中国、そしてアメリカのシリコンバレーでも同様に、失敗経験は必ずしも減点対象として扱われてはいない。失敗を経験し、乗り越えよう

とするからこそ、応援され、信用される。一方、日本における「失敗」は、マイナス評価でしかない。失敗はミスであり、劣っている証拠としてのみ認識されてしまう。「新卒で就職する企業選びに失敗したら、人生はもうおしまいだ」、「一度大きな失敗をしたら、出世レースでもう取り返しがつかない」といった考えが未だにはびこっているとしたら、日本からメガ・ベンチャーはいつまでたっても生まれてくることはない。

　大企業とベンチャー、外資系とベンチャー、といった企業間での人材の流動性が高い点も特筆すべき傾向である。中国では、ベンチャーが躍進していき、市場の新陳代謝が進むことで、人材の流動性が高まっていっている。2000年代前半に、ITバブルがはじけたことで、ファーウェイ（華為技術）が一時的に経営難に追い込まれた際、優れたマネジメント層と技術者の多くが、当時新興ベンチャーだったテンセントに流れ、この人材がテンセントの急成長の原動力の1つとなった。また、フェイスブックがグーグルで副社長を務めていたSheryl Kara Sandberg氏をCOO（Chief Operating Officer／最高執行責任者）としてジョインさせたように、アリババは、創業間もない頃、スイスの投資銀行の幹部だった蔡崇信（現、アリババ副会長）氏を口説き落としてジョインさせた。蔡氏は、年収100万ドルの仕事を捨て、月収500元（約8,500円）のアリババの可能性に賭けて加わった。テンセントは、アメリカの巨大金融グループのThe Goldman Sachs Group（ゴールドマン・サックス）社でアジア部門担当だった劉熾平（現、テンセント社長）氏を、ゴールドマン・サックスの年収の1／3でジョインさせた。ディディ（滴滴出行）も、ゴールドマン・サックスから柳青（現、CEO）氏を引き入れている。現時点の日本において、同様のケースはほとんど起こりにくく、起こった場合には「なぜ？」、「大丈夫？」あるいは「大企業で失敗したから、ベンチャーに行くのでは」と勘ぐるマインドが未だに支配的である。

中国ベンチャーでは、女性の活躍も顕著となっている。「女性活用」と言ってしまうと「女性も活用」という意味合いが強いが、中国ベンチャーの場合、主力となって活躍する女性の姿が目立つ。前述のLuckin Coffeeの創業者である钱治亚氏やディディのCEOの柳青氏など、経営のトップに立つ女性経営者は少なくない。アップル製品のディスプレイ・ガラスを製造することで急成長を遂げたLens Technology（藍思科技）社のCEOの周群飛氏は、2016年の経済誌『Forbes』における世界富豪ランキングで、女性起業家として世界第1位になっている。

　アリババは、全社員のうち49％が女性であり、管理職の37％も女性が務めている。アリババ創業者の馬雲氏は、「アリババの成功は女性社員が49％もいたから」14）と発言しており、多様な価値観の企業組織をつくり、プロダクト開発やコミュニケーション戦略を成功させてきた。その際、企業として女性人材を選んでいくのではなく、女性から選ばれる企業になっていくことで、女性社員がアリババに数多くの成長機会を提供してくれたという。日本や韓国と同様、中国でも、長い歴史を持つ国有企業ほど、女性の活躍は制限されている。性別に加えて、血縁関係や人脈がなければ、入社も出世も難しい。だからこそ、中国では女性が活躍できる場所として、活躍したい場所として、ベンチャー企業が歓迎されている側面も大きい。

　以上の中国ベンチャーによる革新の特徴をまとめたものが、図4-2である。ここで重要となるのは、躍進を続ける中国ベンチャーのベンチマークから、日本のビジネスパーソンがどのような課題を発見できるか、だ。中国でイノベーションを生み出していっているプレーヤーは、かつての国有企業から新興のベンチャー群へと新陳代謝が進んでいる。その事実を知ったうえで日本を見てみれば、新陳代謝の止まっている日本のビジネスの異常性が浮かび上がってくる。中国のように、そして世

> **図4-2 ▶ 中国ベンチャーの革新の特徴と、日本が見出せる示唆**
>
> 1. イノベーション創出を担うプレーヤーの新陳代謝
>   ▸▸▸ A.I.型のベンチャーによる新陳代謝
> 2. モバイル決済を前提としたA.I.型特化のイノベーション
>   ▸▸▸ B.I.型の強みを活かすための、A.I.型の強化・連携
> 3. ヒトの傾向とマインド〔30代、失敗評価、流動性、女性活躍〕
>   ▸▸▸ 現在の日本の「当たり前の働き方」を疑い、変える

出典：筆者作成。

界のように、日本にもA.I.型のベンチャーがもっと出てこなければならない。

　中国ではイノベーションがA.I.型に特化しており、そのA.I.型の強みを活かしながら、B.I.型の製造分野でも強国を目指している。であれば、B.I.型のモノづくりに特化した強みをすでに持っている日本は、A.I.型の強みも身につけられれば、また飛躍することができるのではないか。自前でA.I.型の力を身に付けることが難しければ、クローズド型のビジネスからオープン型のビジネスに転換し、いち早くA.I.型の中国ベンチャーやアメリカのベンチャーと協業していけばいい。

　中国ベンチャーは、無謀な学生ベンチャーが化けているわけではなく、勤務経験を積み、失敗経験を乗り越えてきた30代のシリアルアントレプレナーたちの手で生み出されている。彼らは、失敗をプラスに評価するマインドを身につけており、だからこそ挑戦を繰り返すことができている。また、大企業とベンチャー、あるいは外資系とベンチャーの間の人材の流動性が高く、チャレンジングな転職に対するポジティブなマインドも広がっている。中国ベンチャーは、女性が活躍できる場所としての意義が大きく、成長の原動力の1つにもなっている。こうした中

国ベンチャーのヒトの傾向とマインドを知ると、現在の日本の「当たり前」とされている働き方に対して様々な疑問を持つことができるだろう。「現時点での当たり前」にすぎない働き方を、より良く変えていく必要性に気づけるはずだ。この話題は、**第Ⅲ部 第8章**で深く掘り下げていこう。

註

1 ── 製造業、建設業、運輸業であれば正規従業員300名以下または資本金・出資総額が3億円以下、卸売業であれば100名以下または1億円以下、サービス業であれば100名以下または5,000万円以下、そして小売業であれば50名以下または5,000万円以下の企業は、それぞれ中小企業に分類され、上回る企業が大企業に分類される。

2 ── 中小企業庁「創業・ベンチャー企業支援と中小企業連携組織化の推進」より引用。(http://www.chusho.meti.go.jp/keiei/sogyo/2002/02_venture_keikaku.html)

3 ── 村元・永井 (2018) より引用。村元康・永井竜之介 (2018)『メガ・ベンチャーズ・イノベーション』千倉書房。

4 ── 創業手帳Web「シリコンバレー発VC・500 Startupsに聞く、日本のベンチャーが抱える問題点」を参照。(https://sogyotecho.jp/vc-500-startups-2/)

5 ── 馬田 (2017) を参照。

6 ── DIAMOND online「マイクロソフトがアップル・アマゾンから王座奪還、決算書が示す復活の鍵」、PRESIDENT online「MSがアップルから世界首位を奪えたワケ」、およびZD NET Japan「ナデラCEOが示したミッション・ステートメントに見るマイクロソフトの近未来」を参照。(https://diamond.jp/articles/-/200116)、(https://president.jp/articles/-/26934)、(https://japan.zdnet.com/article/35079823/)

7 ── ZD NET Japan「ナデラCEOが示したミッション・ステートメントに見るマイクロソフトの近未来」より引用。(https://japan.zdnet.com/article/35079823/)

8 ── 李 (2018)、近藤 (2018)、三井物産戦略研究所「中国スタートアップ勃興の背景」、日立評論「GLOBAL INNOVATION REPORT 進化し続ける「世界の工場」「中国製造2025」に見る製造強国戦略」、および日本経済新聞「中国製造2025とは 重点10分野と23品目に力」を参照。李智慧 (2018)『チャイナ・イノベーション データを制する者は世界を制する』日経BP社。近藤大介 (2018)『未来の中国年表 超高齢大国でこれから起こること』講談社。(https://www.mitsui.com/mgssi/ja/report/detail/__icsFiles/afieldfile/2018/06/14/180221i_fujishiro.pdf)、(https://www.

hitachihyoron.com/jp/archive/2010s/2017/06/gir/index.html）、（https://www.nikkei.com/article/DGXKZO38656320X01C18A2EA2000/）

9 ——9大戦略目標は、「国家製造業イノベーション能力の向上」、「情報化・工業化融合の深化（スマート製造）」、「製造業分野の基礎技術強化」、「グリーン製造の全面推進」、「10大重点産業分野の革新的発展」、「品質・ブランド構築の強化」、「製造業構造の調整深化」、「サービス型製造と生産性サービス業の発展」、「製造業の国際化水準引き上げ」である。

10 ——村元・永井（2018）を参照。村元康・永井竜之介（2018）『メガ・ベンチャーズ・イノベーション』千倉書房。

11 ——李（2018）、SMBC Business Focus「中国のユニコーン企業の概要（11）〜急成長する中国のスタートアップ〜」を参照。李智慧（2018）『チャイナ・イノベーション データを制する者は世界を制する』日経BP社。（https://www.smbc.co.jp/hojin/international/resources/pdf/hongkong_smbcbf030.pdf）

12 ——李（2018）、三井物産戦略研究所「中国スタートアップ勃興の背景」、中華IT最新事情「アリババの成功の秘密は、社員の49％が女性であること」、Forbes JAPAN「中国で女性起業家が成功する条件」、およびMedium「Land of the "Super Founders"—A Data-Driven Approach to Uncover the Secrets of Billion Dollar Startups」を参照。李智慧（2018）『チャイナ・イノベーション——データを制する者は世界を制する』日経BP社。（https://www.mitsui.com/mgssi/ja/report/detail/__icsFiles/afieldfile/2018/06/14/180221i_fujishiro.pdf）、（http://tamakino.hatenablog.com/entry/2018/02/19/080000）、（https://forbesjapan.com/articles/detail/7711）、（https://medium.com/@alitamaseb/land-of-the-super-founders-a-data-driven-approach-to-uncover-the-secrets-of-billion-dollar-a69ebe3f0f45）

13 ——三井物産戦略研究所「中国スタートアップ勃興の背景」より引用。（https://www.mitsui.com/mgssi/ja/report/detail/__icsFiles/afieldfile/2018/06/14/180221i_fujishiro.pdf）

14 ——中華IT最新事情「アリババの成功の秘密は、社員の49％が女性であること」より引用。（http://tamakino.hatenablog.com/entry/2018/02/19/080000）

Chapter 5　Marketing insight

革新の種を見つけるマーケティング・インサイト

　続いて、2つめのイノベーション・ドライバーであるマーケティングに焦点を当てよう。マーケティングのツールやフレームワーク、戦略は、学術と実務のいずれにおいても、無数に存在する。サブスクリプションやグロースハックなど、新しく、局所的なキーワードが次々に出てきている。また、テクノロジーの発達によってデータの収集・解析の水準が向上し、1 to 1で、位置情報を反映し、リアルタイムに、アプリ等を通じて個人にマーケティング施策をリーチさせる取り組みが盛んになっている。しかし、それらの多くは、適用可能な主体と場面、タイミングが狭く、流行り廃りも早い。どれだけサブスクリプション型のビジネスが魅力的であろうと、一朝一夕に、既存のビジネスからは移行させられない企業の方が圧倒的に多い。1 to 1マーケティングの実行が効果的と言われても、その実現に必要となる投資の大きさや提携交渉の難しさ、費用対効果に対する疑念を考えれば、そう簡単には手を付けられない企業が過半数を占めるだろう。その結果、流行りのマーケティング・ツールズは、言葉としては受け入れられたとしても、現実の、自身の業務とは縁遠い世界の話として片づけられ、実践されていないケースが多いはずだ。

ここからは、イノベーションを実現させるために有効な、新しい何かを見出すマーケティング・インサイト（見つける力）と、価値として普及させるマーケティング・マインド（広める力）、という2つの力について、より多くの読者が自分事化できるように伝えていく。「ブルーオーシャン戦略を実行しよう」、「オープン・イノベーションを推進しよう」と口で言うことは簡単で、形式的にフリをすることも比較的容易だ。しかし、その実行のために、当事者であるビジネスパーソンたちのインサイトと、組織のマインドを更新し、成果を達成していくことこそが難しい。個のインサイトと組織のマインドの更新という、本当の課題に取り掛かろう。

1 ▶ 見つけるインサイトと広めるマインド

　まず、イノベーションとマーケティングについて、図5-1に基づいて確認しておこう[1]。イノベーション（Innovation）は、「新しい価値」である。よく誤解されやすいが、技術に限定された概念ではない。また、広く普及できていない新しさだけのプロダクトや、広く普及できていても新しさのないプロダクトは、イノベーションには当てはまらない。新奇性とヒット、この2つを併せ持った新しい価値が、イノベーションである。

　イノベーションは、「新しい何か（Something New）」が、価値として普及することで誕生する。新しさはイノベーションの必要条件であり、「新しい何か」を見つけるプロセスは、革新にとって欠かすことのできない半身と言える。「新しい何か」には、新たな技術やアイデア、デザ

図5-1▶革新を生み出す方程式

出典:村元・永井(2018)を基に筆者作成。

イン、機能、サービス、ビジネスモデル、あるいは既存のそれらの新たな組み合わせ、などが含まれる。

そうした「新しい何か」について、価値あるものだと人々を説得し、普及させていくための手段が、マーケティング(Marketing)である。価値が普及しなければ、顧客に認められて受け入れられなければ、それはただの独りよがりなプロダクトにすぎない。十分に受け入れられていない、自称イノベーションと自称イノベーターは、決して少なくない。マーケティング戦略とは、目的達成のための手段であり、マーケティング戦略の実行そのものを目的と錯覚してしまうと、十分な成果は期待できなくなる。

マーケティング戦略は、企業規模や業種、競争環境、目標設定などによって選択される。また、状況の変化に応じて、採用すべき戦略は更新されていく。一方、マーケティング・インサイトとマーケティング・マインドは、普遍的に、現場もマネジメント層も、誰もが鍛え、共有して

いくことができるものである。戦略だけを取り入れても、戦略の担い手となるビジネスパーソンの頭が切り替わらなければ、成果はあがらない。インサイトを鍛え、マインドを変化させて共有してこそ、各種マーケティング戦略は有意義なものとなる。

インサイト（Marketing Insight）とは、ビジネスパーソンひとりひとりが持つ「ビジネスの本質を見抜く力」である。本質に切り込み、ロジックを組み立て、提案・説得していく力だ。「マーケティングを実行する」という認識をわざわざ持つのではなく、日常的に、意識せずとも、ビジネスや消費者に対して知的好奇心と想像力を働かせられる感覚を備えている状態の方が望ましい。市場の反応に対して、「面白い」、「なぜだろう」と知的好奇心を持ち、「もしかしたら」、「この原因が、あの結果を引き起こしているのかもしれない」とロジカルに仮説を組み立てる想像力を発揮する力が、マーケティング・インサイトであり、「新しい何か」を見つける力となる。インサイトは、皆が同じく鍛え、マニュアルのように持つのではなく、ビジネスパーソンそれぞれに、自身の感覚で磨いていくべきものである。ちょうど、自転車の乗り方や、スポーツのやり方を習得していくときのように、個人なりの感覚でコツを掴み、上達させていく方が効果的だろう。ただし、インサイトを鍛える機会・手段は、共通化できる。自転車の補助輪、スポーツの練習メニューにあたる、インサイトを鍛える「ニーズ思考のベンチマーキング」については、詳しく後述しよう。

マインド（Marketing Mind）は、組織が共有する「ビジネスに対する基本思考」である。物事の善悪に対するボーダーラインや、事態に対する対処の判断基準は、個人ではなく組織で、基本的な考え方や価値観が共有されておくべきである。また、市場の変化に合わせ、組織単位のマインドを変化させ続けなければならない。組織のマインドがブレていた

したら、あるいはマインドが古く錆びついていたとしたら、企業の意思決定と行動は決定的な間違いをおかしてしまう。新しい価値を広めるためには、「この局面でどう判断するか」、「市場とどのようにつながるか」といった、意思決定や企業行動のベースになるマインドが適切に共有されている必要がある。どうしても、困難な局面を簡単に解決してくれるような魔法の道具が欲しくなり、新たに出てきた流行りのマーケティング戦略に飛びつきたくなる。しかし、マーケティングの効果を左右するものは、もっと地道な、言われれば当たり前のことのように思えるマインドの変化である。他人事だと当たり前に思えても、前例や企業文化といったしがらみを跳ねのけ、自分事として当たり前にクリアしていくことは想像以上に難しい。マーケティング・マインドについては、広めるために最大限注意すべき「即時性と透明性」、広めるために有効な顧客とのつながり方を考える「ユーザー・アズ・フレンド」、そして、誰から広めていけば効果的かを念頭に置く「ライト・オピニオンリーダー」、という3つのポイントについて第6章で深く掘り下げて紹介していこう。

2 ベンチマークの有効活用

　ビジネスパーソンひとりひとりのインサイトを磨き、「新しい何か」を見つけていくうえで、有効な手段となるのが、ベンチマーキングである。ベンチマーキング（benchmarking）とは、同業他社や異業種の優れた企業を分析し、製品やサービス、ビジネスモデル、プロセス、などのエクセレンスを抽出して自社の変革に役立てることを指す[2]。特に、近年

の日本のビジネスパーソンは、「0 to 1」でゼロからまったく「新しい何か」を考え出そうとして思い悩み行き詰まるか、前例や検索結果を安易に丸々コピーするか、という両極端の傾向に陥りやすい。

　しかし、イノベーションは「0 to 1」に限られた概念ではない。多くのイノベーションは、「New Combinations」である。既存の要素の新しい組み合わせによって、これまでにない新しい価値を生み出すことができる。そのためには、まず先行事例を徹底的にベンチマークし、すでに存在する優れた要素を把握すべきである。そうして初めて、既存要素の新たな組み合わせ方を検討できるようになる。1940年からすでに、「Idea is nothing more nor less than a new combination of old elements.」と言われてきた[3]。

　真似や模倣、コピーといった言葉には抵抗を感じるかもしれないが、「型破り」で斬新な価値は、既存の「型」を知らなければ、型を破ってブレイクスルーさせることはできない。ベンチマークは、ある意味で伝承であり、すでにある優れた部分を受け継ぎ、取り入れ、さらに優れたプロダクトを生み出していくことだと考えてもいい。野球、サッカー、テニス、あるいは陸上や水泳でもいい。スポーツ選手の記録がなぜ更新され続けていくのかと言えば、もちろん道具やデータ解析の技術進歩はあったうえで、先駆者のパフォーマンスや練習におけるエクセレンスを学び、自身に取り入れていく次世代の貪欲なベンチマーキングがあるからだ。「学ぶは、真似る」という言葉のとおり、真似の完全放棄は学びの完全放棄、と言っても過言ではない。分析とは、物事を分けて析出することであり、ベンチマーキング対象について分解し、取り入れるべきエクセレンスを浮かび上がらせ、自社ビジネスに吸収していく姿勢は、当然に重要視されるべきものである。

　中国企業は、一般的なイメージのとおり、総じてベンチマーキングに

長けている。この中国企業の力に対して、真似や模倣、コピーといった言葉だけを使って揶揄すべきではない。なぜなら、現実として、中国企業は価値創出において優れており、世界からベンチマーキング対象として認められているからだ。多くの中国企業が、情報収集に力を注ぎ、先行事例のエクセレンスを躊躇なく取り入れ、そのうえで自社オリジナルの価値を創出していっている。

　1987年に宗慶後氏によって創業されたワハハ（娃哈哈）社は、中国最大の飲料メーカーである[4]。宗氏は、2010年のアメリカの経済誌『*Forbes*』において、資産額80億ドルで中国長者番付の第1位となり、2014年のワハハの売上は720億元（1兆4,400億円）にのぼった。チャイニーズ・ドリームの代表格としては、大学の英語教員からアリババ（阿里巴巴集団）を興した馬雲（ジャック・マー）氏が有名だが、このワハハの宗氏もチャイニーズ・ドリームを体現している。宗氏は、経済的理由から高校進学ができず、アルバイトや漁場での仕事を転々とした後に、自身の母の勤め先である杭州の小学校に就職し、この小学校の購買部からワハハが始まっていった。

　小学校の購買部が独立する形で産声を上げたワハハは、市内の小学校・中学校への文房具の卸販売から、健康食品の代理販売、健康食品の製造販売、そして子供向け乳酸菌飲料の製造販売へと事業を拡張し、急成長を遂げていく。1991年には政府の提案により杭州缶詰食品廠（工場）を買収、1996年にはフランスの世界的食品メーカーであるDanone（ダノン）社との合弁企業を設立し、企業規模と事業領域を大きく拡大させていった。そして2007年、創業から20年でワハハは中国最大の飲料メーカーの座を掴み、それ以来、首位の座を堅持している。

　同社では、商品開発において3つの革新を推進している。まずは、「跟進創新（追随型の革新）」である。リーダー企業の商品を徹底的にベンチ

マークし、市場のニーズは躊躇なく、即座に取り入れ、差別化要素をプラスして商品化していくスタイルだ。例えば、コカ・コーラが中国国内でヒットし始めると、即座に、中国人のためのコーラとして「非常コーラ」を発売した。コーラ飲料に対する市場のニーズを認め、非常コーラはコカ・コーラとの差別化ポイントとして、中国人に合うように甘みを増やし、ペットボトルと蓋の内製化により2割以上安価な商品にして、都市部ではなく内陸部・農村部の人々へ「初めてのコーラ」として届けていった。その結果、コカ・コーラやペプシ・コーラに対抗する第3のコーラとして普及を果たすことに成功した。

　2つめの革新は、「引進創新（導入型の革新）」である。ライバル企業が自然由来のミネラルウォーターをヒットさせると、ワハハは即座に対抗し、最先端の海外製の製造設備と測定器を導入し、ハイテクを売りにしたミネラルウォーターを発売していった。追随型で蓄えた資本とノウハウを背景に、新たな設備や技術を導入して違いを生み出すスタイルで、プロダクトの価値を高めていった。

　そして3つめが、「自主創新（自主型の革新）」である。ワハハのヒット商品である「栄養快線」は、独自の市場調査とレシピ開発に基づく、15種類の栄養素の入った乳飲料である（図5-2）。他にはない独特な味と栄養機能を併せ持つプロダクトとして、2004年の発売直後から大ヒットを記録し、15年が経過しても店頭には定番商品としてゴールデンゾーンに陳列されている。追随型や導入型と比べ、自主型は、まだ市場に存在していないプロダクトを独自に開発し、市場投入し、新たな需要を掘り起こしていくスタイルである。ワハハは、フォローから始め（追随型）、力と成功体験を蓄え（導入型）、オリジナルの価値を創っていく（自主型）、という成長段階に応じた革新を順々に実現させて成長を続けてきた。

図5-2▶ワハハのヒット商品「栄養快線」

出典：筆者撮影。

　日本のベンチャー企業（Start-ups）のなかには、海外のビジネスをベンチマークすることでビジネスアイデアを見出し、事業を展開しているプレーヤーが少なくない。2002年に創業された株式会社フォトクリエイトは、子供の運動会から地域の社交ダンス大会、全国高等学校ラグビーフットボール大会、そして東京マラソンまで、規模を問わず、イベントにプロカメラマンを派遣し、撮影した写真をネット上で一般消費者が購入できるインターネット写真サービス事業をメインに展開している[5]。このサービスは、創業者である白砂晃氏が、「プロカメラマンの撮影した写真をインターネットで購入できるサービスがアメリカでは人気になっている」と聞いたことがきっかけとなって生まれた。白砂氏の高校の同級生で、共同創業者となる田中大祐氏が、富士通の社内ベンチャー制度でアメリカ留学した際、インターネットでの写真販売ビジネスを知り、それをベンチマークし、日本のニーズに合わせて事業化したものが同社のサービスである。

2013年に株式会社ディー・エヌ・エーでリリースされ、その後は2015年にディー・エヌ・エーから分社化されたSHOWROOM社が展開している、アプリ「SHOWROOM」のライブ・ストリーミング・サービスは、中国のYY（歓聚時代）社に対するベンチマーキングから生まれたものである[6]。中国では早くからライブ・ストリーミング市場が盛り上がりを見せ、無数の企業による激しい競争が行われてきた。その代表的なプレーヤーとなっているのが、2005年に李学凌氏が創業したYY社である。YYは、競合他社のサービスと比べ、ソーシャルメディアとの結びつきが強く、チップ（投げ銭）やリアルタイムでのコメント機能を充実させたライブ配信サービスを提供することで人気を集めている。ライブ配信の主な内容は、素人による歌やダンス、トーク、ゲーム実況などで、同社の展開するサービス「YY Live（YY直播）」と「Huya（虎牙）」は、2017年にAU（Active Users）数を前年比37%増の7,650万人、課金ユーザー数を前年比25%増の650万人へと成長を遂げている。

　ライブ配信のなかでも、「美女直播間」と呼ばれる中国の若い女性の配信には、応援する男性からのデジタルギフトが集中するようになり、大きな話題となった。なぜなら、デジタルギフトは換金できるからだ。地方の病院勤務の女性が、ライブ配信によって多額のデジタルギフトを集め、大金を稼ぎ出した、などの成功談がネットクチコミで広がっていった。仮想空間上での課金ビジネスに対して、1度に数百万円の課金をする視聴者や、月に数千万円を稼ぐ配信者が出るほどに、中国のライブ・ストリーミング市場の盛り上がりは加熱していっている。

　YYの成功事例からは、ライブ配信のプラットフォーム上で、一般消費者同士が課金ビジネスを行える環境が整えられると、消費者がどのようなニーズを満たそうとして行動するかが見えてくる。素人が気軽にスポンサーになれることを望む心理。誰がいくら課金して応援くれている

か、という応援するファンの存在と熱量が見える化される喜び。現実世界の物欲とは異なる、仮想空間を通じて、配信者と視聴者の両者が強く抱く承認欲求。SHOWROOMは、創業者の前田裕二氏が、YYのヒットをベンチマークしてニーズの源泉を見出したことで生まれた。日本人にも同様のニーズがあると考え、YYが主に消費者同士を繋いだのに対して、SHOWROOMでは「タレント・地下アイドル・芸能人の卵・予備群」と「一般消費者」にメインターゲットをマイナーチェンジさせたサービスを展開し、成長を続けている。

3 ニーズ思考のベンチマーキング

　既存ビジネスのエクセレンスをベンチマーキングによって抽出し、自社ビジネスの革新へとつながる「新しい何か」を見つけていく際には、ニーズ思考でベンチマーキング対象を広げておくことが重要となる。消費者は、必要なもの（Needs）のなかから、欲しいもの（Wants）を絞り込み、さらに好きなもの（Desires）を選び抜いて購入する。そのため、マーケターは消費者の欲求を具体化して絞り込んでいく発想を持ちやすく、ビジネス全般に関して具体化を好む傾向にある。しかし、ときにその思考は、自らを狭い方へ狭い方へと、マーケティング・マイオピア（近視眼）に誘ってしまう。

　反対に、特にベンチマーキングにおいては、広く抽象化してビジネスを捉える必要がある。ニーズを「満たされていない状態」と抽象化して考えられるようにしておきたい。ニーズとは満たされていない状態であり、ウォンツやディザイアはニーズを満たすための具体的な手段、選択

肢となる。ニーズと、ウォンツとディザイアは、次元を分けて捉える概念として扱うことで、広く自由な発想を持ちやすくなる。ニーズ思考とは、具体的な製品やサービスそのものではなく、それらが充足しているニーズへと抽象化させてビジネスを捉える考え方である[7]。

株式会社楽天野球団が運営するプロ野球チーム「東北楽天ゴールデンイーグルス」は、ニーズ思考のベンチマーキングを実践した良い例である[8]。2005年に新設された同チームは、1年目を38勝97敗1分けで大きく負け越した。にもかかわらず、売上高70億円、黒字2億円を達成し、その年のパ・リーグ6球団で唯一の黒字チームとなった。これは、「チームが強ければ」、「優勝すれば」、自然とお客は来る、と考えられていた当時の球団経営、球場経営にとって衝撃的な出来事だった。

東北楽天ゴールデンイーグルスが、新球団としてプロ野球参戦が決まったのは2004年11月で、2005年4月の開幕まで、わずか5カ月間で球団のすべてを準備しなければならなかった。ロゴ、グッズ、ユニフォーム、球団歌、などやるべきことは山積みだったが、なかでも球場づくりは最大の課題だった。球団経営の責任者を務めた小澤隆生氏（現、ヤフー株式会社専務執行役員）は、球場（現、楽天生命パーク宮城）づくりにあたって、まずは徹底的なベンチマーキングを行った。国内・海外の野球場をベンチマークするのはもちろんのこと、サッカーなどの別スポーツ施設、コンサート会場などのエンターテインメント施設まで、既存施設を分析しつくした。

加えて、消費者が夜の6時から9時の3時間を過ごす際のニーズを思い描いた。野球観戦は、土日祝日だけでなく、平日の夜を過ごしてもらう空間を提供することになる。ニーズ思考をしてみると、スポーツ施設やエンターテインメント施設だけでなく、類似のニーズを満たすライバルとして、居酒屋やカラオケ店がベンチマーキング対象として浮かび上

がってきた。

　東京や大阪、広島と比べ、それまでプロ野球チームがいなかった仙台では、平日の夜に野球を見に行く習慣がなかった。そのため、普段は居酒屋やカラオケで過ごす、野球観戦のライトユーザーたちを球場に呼び込むには、「野球」をアピールするだけでは十分でないと考えられた。彼らを全員、野球好きに変えていくのは至難の業に違いない。彼らのニーズを考えたときに、「野球が大好きで試合を見に行きたい」は少数派であり、それよりも「コミュニケーションを取りながら飲食をして過ごしたい」の方が大きいと推測した。

　消費者が平日の夜の時間帯をどこかで過ごす目的は、個人ではなく友人や同僚と一緒に、複数人でコミュニケーションを取りながら飲食をして過ごすことにある、と考えられる。「コミュニケーションを取りながら飲食をして過ごしたい」というニーズを満たすために、居酒屋に行くか、カラオケに行くか、それとも野球観戦にするか。これらは、消費者にとってニーズを満たす手段として、並列の選択肢となる。野球ファンを除けば、球場は決して特別な場所ではない。

　この視点に立って球場づくりを検討すれば、それまでの、横並び座席のみのスタジアム形式で、清潔感のない通路やトイレのまま、定番の割高なフードメニューを提供すべきではないことは明白だった。類似ニーズを満たすベンチマーキング対象は、居酒屋やカラオケ店なのである。であれば、横一列の、店で言えばカウンター並びのような座席では、コミュニケーションが取りにくい。大相撲の升席のように対面できる座席が必要であり、対面式の「居酒屋シート」を数十席設けた。バッターボックスに背を向ける席がある居酒屋シートは、従来の野球観戦のための空間づくりではありえないものだったが、チケット販売開始から5分以内に売り切れる人気席として歓迎される結果となった。2年目には数

百席、3年目には数千席と居酒屋シートは増設され、いまや人気の定番席となっている。飲食店にとっては当たり前の、食事のクオリティ向上、トイレや通路のクリンリネス向上にも力を入れた結果が、初年度黒字となって表れた。

　球場づくりにおいて、野球場だけをベンチマークするのでは、まさしく近視眼である。エンターテインメント空間として、国内外の他のスポーツ施設やエンターテインメント施設をベンチマーキング対象としても、まだ抽象化と広がりが不十分である。「平日の仕事終わりに、複数人でコミュニケーションを取りながら飲食をして過ごしたい」という消費者ニーズまで抽象化して考えることで、居酒屋やカラオケ店までベンチマーキング対象を広げることができるようになり、上述の球場設計が導かれた。コミュニケーションを楽しみながら、野球も楽しめる空間がつくられ、居酒屋ではなく、野球場に行っても同じように、いやそれ以上に楽しめる場所となった。だからこそ、シーズン100敗に迫る弱小チームの本拠地であっても、ホームチームが勝つか負けるかではなく、合コンや会社の飲み会などに使える楽しい場所として、仙台で受け入れられることに成功した。

　究極的には、すべてのビジネスはつなげて考えられる。具体的な既存プロダクトが満たしているニーズを抽象化して捉え、どこにエクセレンスがあるかをベンチマークする。この「ニーズ思考のベンチマーキング」を習慣づけることで、自らの頭のなかに既存要素をストックしていき、新たな組み合わせの発想を増やしていく。これが、新しい何かを見出すマーケティング・インサイトを熟練させ、ビジネスパーソンの見つける力の向上を導いてくれる。

註

1 ——村元・永井（2018）を参照。村元康・永井竜之介（2018）『メガ・ベンチャーズ・イノベーション』千倉書房。
2 ——ロバート・C・キャンプ（1995）『ベンチマーキング——最強の組織を創るプロジェクト』PHP研究所を参照。
3 ——バーンバック 他（2018）および「A Technique for Getting Ideas By James Wood Young」p.10より。ローラ・ジョーダン・バーンバック、マーク・アールズ、ダニエル・フィアンダカ、スコット・モリソン（2018）『CREATIVE SUPERPOWERS』左右社。(http://www.advancedhiring.com/portals/0/docs/a%20technique%20for%20getting%20ideas%20-%20james%20wood%20young.pdf)
4 ——徐（2015）、李（2011）、およびMONEYzine「中国長者番付1位は資産6,500億円の宗慶後氏「ワハハ」とはどのような会社なのか」を参照。徐方啓『中国発のグローバル企業の実像』千倉書房。李雪「中国の製造企業における経営資源の構築とその課題——杭州娃哈哈（ワハハ）集団の事例研究——」『商学研究科紀要』早稲田大学大学院商学研究科、73、91-107。(https://moneyzine.jp/article/detail/189414)
5 ——Amateras Startup Review「CEOインタビュー『感動をカタチにしてすべての人へ』」、DREAM GATE「第47回　株式会社フォトクリエイト　白砂 晃」を参照。(https://amater.as/article/interview/iot-photocreate/)、(https://www.dreamgate.gr.jp/contents/case/interview/34259)
6 ——前田（2017）、アメリカ部「YY inc【YY】中国最大級のライブストリーミング・ソーシャルメディア」、THE BRIDGE「中国ライブ・ストリーミング大手YY（歓衆時代）、eスポーツ動画配信部門「Huya（虎牙）」を分離しアメリカでIPOを申請」を参照。前田裕二（2017）『人生の勝算』幻冬舎。(https://www.americabu.com/yy-inc)、(https://thebridge.jp/2018/03/yys-esports-video-streaming-arm-huya-files-us-ipo)
7 ——永井（2010）を参照。永井猛（2010）『富と知性のマーケティング戦略』五絃舎。
8 ——NEWS PICKS「イノベーターズ・ライフ　野球に興味ないけど「楽天イーグルス」をつくった」、ログミー「40億の赤字を1年で黒字化！ヤフー・小澤隆生氏が語る、楽天イーグルスを救った"逆転の発想力"とは？」を参照。(https://newspicks.com/news/856548/body/?ref=user_2375381)、(https://logmi.jp/business/articles/7667)

Chapter **6** Marketing mind

革新を実現させるマーケティング・マインド

　続いて、組織の「広める力」であるマーケティング・マインドについて考えていこう。イノベーションの種となる「新しい何か」を見つけてプロダクトにできても、そのプロダクトを有効に広められなければ、イノベーションを生み出すことはできない。イノベーションとは、自称するものではなく、顧客から認められるものである。だからこそ、新しさを革新の半身とするならば、価値としての普及は革新にとって不可欠な、もう1つの半身と考えられる。

　プロダクトが、キャズムの谷を乗り越え、トルネードに乗って顧客を拡大し、イノベーションになれるかどうか。その普及のプロセスにおいて、戦略とともに重要視すべきものが、企業の意思決定と行動のベースとなるマーケティング・マインドである。どれだけ優れた戦略を採用していても、組織として「顧客をどう認識しているか」、「顧客とどのように繋がっていくか」という部分にコンセンサスを取れていないと、プロダクトを有効に広めていくことはできない。一昔前であれば些細なミスで済ませられた対応が、企業にとって取り返しのつかない事態に発展しうるビジネス環境になっている。イノベーションを実現させるために、企業組織の現場からトップ・マネジメント層までが、共有すべき3つの

マーケティング・マインドについて紹介していこう。

1 ▶ 即時性と透明性を浸透させる

　「新しい何か」をプロダクトとして、価値として広めていくために、組織が共有しておくべき3つのマインドのうち、1つめは、広めるために最大限の注意を払うべき「即時性と透明性」である。組織に即時性と透明性を浸透させておく重要性を述べる前に、その前提となる、企業と消費者の関係の変化について触れておかなければならない[1]。図6-1のAのように、かつての企業と消費者の関係は、企業が完成させたプロダクトや情報を、上から下へと流すように届け、消費者はそれらを受け取る構図が当たり前だった。情報はマスメディアを通じて、上から下へ流され、消費者の良い声も悪い声も、逆流して企業活動に影響を与えることはできなかった。企業と消費者の間には明確な上下関係があり、保有する情報量の格差は大きく、パワーバランスも企業側に大きく傾き、情報は一方通行に流されていた。

　そのAの構図が、2000年頃のインターネットの普及によって、Bへと変化していくことになる。この頃、消費者のなかから、情報感度や情報発信力に優れ、他者への影響力を高く持つような最先端層が徐々に現れるようになる。最先端層は、インターネットを使った情報収集に長け、ブログなどを通じた発信力を備えていた。そこで企業は、イベントへの招待や商品の提供などを通じて、カリスマブロガーと呼ばれる最先端層を取り込み、彼らの発信力を利用するようになっていった。つまり、企業がまず最先端層に情報を流し、そこを起点に一般消費者へ情報を拡散

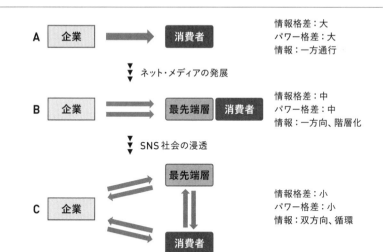

図6-1 ▶ 企業と消費者の関係の移り変わり

出典：永井（2017）を基に筆者作成。

させていくBの構図が生まれたことになる。情報格差やパワーバランスは縮小傾向になりつつも未だ存在し、情報の流れは一方向のままで階層化している状態だった。

Bの構図は、2010年以降のスマートフォンの普及とSNS社会の浸透によって、Cへと一気に様相を変えていく。消費者の情報収集・共有・発信の手段とパワーは劇的に増大し、最先端層の数と力はどんどん増えていき、もはや企業と消費者の間の上下関係は崩れている。企業と消費者は、よりフラットで、互いに情報の受発信を行う双方向的な関係となり、情報循環型のCの構図が誕生している。企業が悪手を打ち、その対応を誤れば、最先端層と一般消費者は一斉に反応し、批判し、炎上させてダメージを与えられるようになった。消費者たちの行動は、ネットメディアも旧マスメディアも追随して大きく取り上げる。企業が、昔なら

ば取り合わなかった、容易に無視をして握りつぶしたような1人の消費者の声であっても、その声はSNSとネットの舞台で急激に膨れ上がり、新旧メディアに取り上げられて世界中に波及し、企業価値やブランド・イメージに大ダメージを与える影響力を持ちうる。だから、という言い方は不適切かもしれないが、企業は消費者との繋がり方についてマインドを改めなければならない現状に置かれている。

　自らがCの構図で生きている現状を自覚したうえで、企業は、情報の即時性と透明性に関するマインドを改めなければならない[2]。前者は、即時性の強化である。現在の消費者は24時間365日、常にネット環境下にいる。情報拡散のスピードはますます加速し、規模はさらに拡大している。ある地域の、ある消費者の声は、一晩のうちに世界中へ拡散される可能性がある。そのため、企業は限りなくリアルタイムに近いスピード感覚を持ち、意思決定と行動をしなければならない。定例の会議を待って対応を検討するような感覚は、明らかに時代錯誤である。

　後者は、透明性の担保である。いまや企業のあらゆる行動は消費者の監視下にある。なかでも、ネガティブ情報ほど早く広く、グローバルに拡散されてしまう。現代を生きる企業にとって、良いことも悪いことも包み隠さずオープンにしておく姿勢は当然視されるべきものであり、トラブル時に迅速かつ透明性の高い対応ができるか否かは、その後の企業の命運を左右する。重要なことは、こうした即時性と透明性に関するマインドは、現場の若手や、意欲のあるミドル・マネジメント層が学び、変えれば十分なわけではない点である。決定権を有するトップ・マネジメント層まで、組織全体で共有されて初めて有効となる。

　中国メガ・ベンチャーの先頭を走るテンセント（騰訊）社は、組織のマーケティング・マインドに即時性と透明性を深く浸透させている[3]。同社は、2009年に「ハッピーファーム」というアプリゲームをリリー

スしたところ、予想を大幅に超える人気となり、リリースから数日の間に利用者は500万人を突破した。この嬉しい誤算の結果、ゲームを支えるサーバーの容量はすぐに満杯になってしまっていた。商品マネージャーは、CTO（Chief Technical Officer／最高技術責任者）に直接連絡を取り、事情を説明し、サーバーの増設を求めた。すると、わずか10分後には、CTOからの返答があり、即座に1,000台程度のサーバー増設が決まったという。この増設台数は、商品マネージャーが希望として伝えた台数をはるかに上回るものだった。このエピソードは、同社のトップ・マネジメント層が現場の声に対してリアルタイムで反応し、なおかつ、ただ単に希望にOKサインを出すのではなく、現場の真意をくみ取った意思決定を下すことができることを如実に表している。

　もう1つ、別のエピソードも紹介しよう。2018年に、「テンセントには夢がない」というネットメディアの記事が、中国国内で拡散される事態が起きた。記事では、同社が近年、魅力ある商品をリリースできておらず、創業当初の志を失いつつある、と批判していた。この記事は公開から数時間のうちに、アクセス数が10万人を超え、「いいね」の数は5,000人を超えて拡散された。テンセントのCOO（Chief Operating Officer／最高執行責任者）は、この記事に気づくと、深夜1時に自身のWeChatで「記事で書かれている意見について真摯に受け止める」旨を表明した。自社のサービスであるWeChatで、自社の批判記事が拡散していたにもかかわらず、記事に対する反論も削除も行わずに、掲載を野放しにして正面から批判記事に向き合う姿勢を示したのである。こうした対応を受け、同社に対するネット上での評価は、逆に高まることになった。

　Apple（アップル）社も、組織のトップ・マネジメント層にまで即時性と透明性を浸透させている[4]。アップルは、月額制で聞き放題のサブスクリプション型音楽配信サービスApple Musicを、2015年6月30日から

開始した。そのサービス開始を控え、Apple Musicの加入者は、初めの3カ月間はトライアル期間として無料でサービスを利用できること、そしてその間、アーティストに対して印税は支払われないことが発表された。この発表に対して、歌手のTaylor Swift氏はTwitterで抗議を表明した。同氏は、以前から定額制音楽ストリーミングの無料オプションはアートの価値を下げるとして否定的で、当時Spotifyからすべての楽曲の配信を停止していた。

2015年6月21日、同氏は新アルバム「1989」のApple Music配信拒否を表明する。その時点で7,000万人を超えていた同氏のTwitterフォロワーによって、この情報は一斉に世界中へ拡散された。この事態を受け、アップルの上級副社長兼Apple Music部門チーフだったEddy Cue氏は、即座に手を打つ。自身のTwitterで、抗議に対する理解と方針の変更を表明し、翌日の6月22日には、無料トライアル期間にもアーティストへ印税を支払うよう、方針を改めた。6月30日のApple Music開始時には、「1989」の楽曲は通常配信され、また、2016年3月にはApple Musicの広告にTaylor Swift氏が出演し、遺恨のない関係が強調された。アップルは、一連の迅速かつ柔軟な対応によって、ブランド・イメージを損なうことなく、Apple Musicのサービスを広めていくことに成功した。

こうしたテンセントやアップルに見られる、即時性と透明性を組織のマーケティング・マインドに深く浸透させた成功事例とは対照的に、大きな失敗を招いた事例についても、教訓として取り上げておこう。イタリアを代表する世界的なファッションブランド「Dolce&Gabbana」を展開するDolce&Gabbana（ドルチェ・アンド・ガッバーナ）社（以下、D&G）は、一夜にして中国全体の巨大市場を失う事態を招いた[5]。

2018年11月17日、4日後に控えた上海でのファッションショーのた

め、D&Gの各種SNSアカウントでプロモーション動画が公開された。内容は、D&Gの洋服を身に付けたアジア人女性が、箸でピザやパスタを不器用に食べている様子が流れ、彼女にイタリア料理の食べ方を教えてあげる、というものだった。この動画に対して、中国人に対する偏見や差別である、と中国国内のネット上で炎上し、国内SNSのWeibo（新浪微博）から動画が削除されることになった。ただし、この時点では、InstagramやTwitterには動画が残される程度の、小さな炎上騒ぎに過ぎなかった。

2日後の、11月19日になると事態は世界に大きく広がっていく。ファッション業界に対してデザインのパクリやネタバレなどを糾弾するInstagramアカウントとして有名な「ダイエット・プラダ（Diet PRADA）」などの英語媒体のメディアで、D&Gへの世界的な批判が増えていった。そして、ある一般ユーザーの投稿が、この出来事を大事件へと飛躍させることになる。この一般ユーザーは自身のInstagramアカウントで、D&Gの広告はアジア人差別であると、D&GのデザイナーであるStefano Gabbana氏の公式アカウントを紐づけて批判した。これに対して、Gabbana氏自身がInstagramの個別メッセージ機能を使い、一般ユーザーへ直接、反論とも挑発ともとれる暴言メッセージを送信してしまう。これが大惨事の引き金となった。

騒動の始まりから4日後の11月21日、この一般ユーザーは、Gabbana氏とのやり取りに憤慨し、Gabbana氏が送ってきた暴言と失言のすべてを、スマートフォン画面のスクリーンショットとしてInstagramへ投稿した。このGabbana氏による悪態の証拠は、即座にダイエット・プラダによって世界中に拡散され、騒動は劇的に悪化していくこととなる。世界規模での炎上騒ぎを受け、この日の夜に予定されていたD&Gの上海ショーに出席するはずだったメインゲストの1人が、

ショーへの参加を辞退し、飛行機を引き返したことを表明する。これをきっかけに、中国人の芸能人、インフルエンサー、モデルなど、ショーの招待者と出演者の全員がショーのボイコットを表明する事態に発展し、上海ショーは中止に追い込まれた。これはわずか1日の間の出来事である。正確には、ダイエット・プラダによる情報拡散から、わずか4時間程度の間に全員がショーをボイコットすることになった。

　騒動は、これで治まらない。世界的に有名な中国人女優の章子怡（チャン・ツィー）氏が、今後スタッフを含めD&Gの商品は一切使用しないことを公表する。さらに、通販サイトのTaobao（淘宝網）やJD.com（京東商城）は、今後D&Gの商品を扱わないと発表。その後、中国のすべてのECサイトからD&Gは消えることなり、実店舗を含め、D&Gの中国市場は消滅する事態となった。ショーへのボイコットを表明していなかったら、D&Gの服を着続けていたら、中国人ではないと後ろ指を指されるほどに、D&Gは中国の敵となった。

　上海ショーの中止の段階になって、ようやくD&GとGabbana氏は謝罪文を発表したが、あまりに対応が遅く、また不誠実なものだった。Gabbana氏の暴言や失言は、Instagramアカウントがハッキングされており、本人の意思ではなかった、と主張したのである。しかし、ハッキングされていたと信じる者はおらず、炎上の炎に油を注ぐ悪手となった。D&Gは、即時性と透明性に欠ける、あまりに時代遅れな対応を取ってしまった。その結果、巨大な中国市場を取り戻すことはもはや不可能であると言えるほどの大損害を、自らの悪手によって招き、中国に限らず世界的にブランド・イメージを汚すことになった。

　日本における近年の企業、スポーツ団体、大学、あるいはアイドルグループなどの不祥事と、その後のお粗末な対応のニュースを思い返してみてほしい。総じて、変化を嫌う傾向の強い日本組織は、特に、昔なが

らの体質を色濃く残している組織ほど、即時性と透明性をマインドに浸透できていない。現場は認識できていたとしても、マネジメント層が自分事として認識できておらず、企業の意思決定は旧態依然となってしまっている。即時性の強化と透明性の担保を、組織のマーケティング・マインドに浸透させることができなければ、プロダクトを適切に広めていくことはできない。広める途中でのトラブル対応につまずき、企業全体に致命傷を負わせる事態にまでなりかねない。

2 ▶ ユーザー・アズ・フレンド

　組織が重要視すべき2つめのマインドは、顧客と互いに認め合える友人関係を築く「ユーザー・アズ・フレンド（User as a Friend）」である。ユーザーをどう認識し、どのように繋がればいいか。これは企業にとって、ここ10数年来の悩みの種となっている。売上向上のために顧客をユーザー（消費するもの）としてだけ捉えるところから、売上よりも顧客満足度を重視して満足させる対象としてよいのかどうか、短期的な売上よりも中長期的な関係を築くべき対象へ移行させて本当に良いかどうか。あるいは、ユーザーを、参加欲求を持つ生産者としての性格が強いプロシューマー（生産・消費する者）として捉えたり、共創マーケティングにおいて共に価値創造するパートナーとして捉えたりなど、ユーザー認識の試行錯誤は続けられてきている。

　企業がユーザーに対して、過度に下手に出てこびへつらったり、逆に、過度に上から目線で押しつけたりしていては、価値を広げていくうえで有効ではない。いずれも、何かのきっかけでユーザーからの反発に

あって長続きすることはできない。この問題に対して、中国のメガ・ベンチャーのシャオミ（小米科技）社をベンチマークすることによって、日本組織が学び共有すべき、「ユーザー・アズ・フレンド」のマインドを浮かび上がらせよう[6]。

　シャオミは、もともと中国のソフトウェアメーカーのキングソフト（金山）社にいた雷軍氏によって、2010年に創業された。雷氏は、1992年にキングソフトに入社すると、6年後の1998年には社長に就任し、2003年には中関村科学技術地区の優秀起業家に選ばれる活躍を見せた。キングソフトの会長職に退いた雷氏が創業したシャオミは、低価格高品質のスマートフォンを主力に、創業からわずか7年後には、売上150億ドルを突破し、Google（グーグル）やアップルと比べても異例の早さで成長を遂げてきた。2018年7月には香港証券取引所に上場し、成長をさらに加速させている。2019年2月時点で、シャオミはスマートフォン・ブランドとして、サムスン（三星）（韓国）、ファーウェイ（華為技術）（中国）、アップル（アメリカ）に次ぐ世界第4位の位置に付けており、対前年比32％の成長を続けている。また、シャオミの特徴として、インド市場ではサムスンを抜いてシェア第1位となるなど、中国国内に限定せずグローバルに市場を展開しており、今後も5G対応機種や、折りたためる液晶の機種など、新奇性の高い新商品を世界へリリースしていく存在となっている。

　シャオミが、成長における最重要コンセプトとして企業理念に掲げているものが、「ユーザーと友人になる」である。ユーザーと友人関係を結ぶことで、ユーザー参加型の製品開発から優れた製品を生み出し、優れた製品の評判をクチコミで広めてもらう。この一見、理想論に思えるようなプロセスを実現し、驚異的な成長を達成しているからこそ、シャオミは世界中からベンチマーキング対象として注目を集めている。

ある企業は、ユーザーの前にひざまずき、ユーザーを神のように考える。またある企業は、反対に、ユーザーをひざまずかせ、ユーザーを素人扱いして洗脳しようとする。シャオミは、こうした二極的な従来のユーザーとの結びつき方では、企業とユーザーはお金でしか結ばれない、と考えている。そうではなく、ユーザーを友人として捉え、企業とユーザーが友情を結ぶことを、同社の理念としている。

　そのために、同社では「3と3の法則」を実行している（図6-2）。製品ランナップを絞り込み、圧倒的な製品力でトップシェアを狙う「ずば抜けた製品」。ユーザーに情報を共有し、信用を獲得して製品のファンになってもらう「ファンの獲得」。社員ひとりひとり、ユーザーひとりひとりにPR担当者となってもらう「独自メディアの構築」。こうした製品戦略、ユーザー戦略、コンテンツ戦略という3つの戦略を進めている。一方、製品開発・サービス・ブランド構築・販売のあらゆるポイントをオープン化し、ユーザーとWin-Winの関係を構築する「ハブの開放」。簡単で、メリットが大きく、楽しくてリアルな、遊び心のあるイベントを打ち出す「インタラクティブな企画」。参加する楽しみを自発的に発信・拡散してもらう「クチコミによる話題の拡散」。これら3つの戦術について実行している。こうした3つの戦略と3つの戦術について、「ユーザーと友人になる」という企業理念を中心に置いて取り組むことで、「手が届く」、「自分だけのものになる」、「共に成長していく」ブランドとして、シャオミとユーザーは一緒に育っていっている。

　シャオミの独自OS「MIUI」の開発を発表した当初、開発チームは20名、すぐに興味を持ってくれた一般ユーザーは100名程度だった。開発チームは、ユーザー参加型の開発を進めるために「オレンジ・フライデー」という仕組みを設けた。これは、ユーザーと直接コミュニケーションを取れる専用フォーラム（BBS）に、毎週金曜日の午後、シャオミ

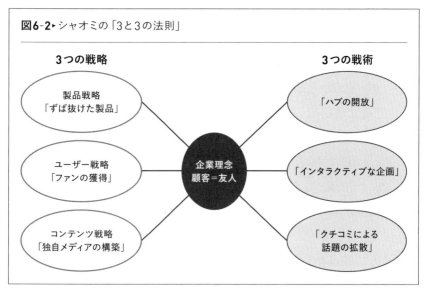

図6-2 ▶ シャオミの「3と3の法則」

出典：黎（2015）を参考に筆者作成。

のオレンジ色のロゴとともにMIUIの新バージョンを公開するというものだった。実用的な機能も、まだ実用レベルには至っていない機能も、良い点も悪い点も、すべてを包み隠さず毎週金曜日に公開していった。そして、興味のあるユーザーに自由にMIUIを体験してもらい、翌週の火曜日までに体験レポートを送ってもらうようにした。毎週、シャオミの公開するOS開発状況に対して、酷評することも賞賛することも自由なこの取り組みは、ユーザーに面白がられ、開始当初から1万件以上のフィードバックが寄せられることになった。

「オレンジ・フライデー」は、企業とユーザーが共創する取り組みとしてOS開発において効果を発揮していくと同時に、楽しい遊びの一面としての魅力も発揮していった。シャオミの社内では、毎週の「オレンジ・フライデー」のユーザー投票で最優秀機能に選ばれた機能の担当者は、「爆米花（ポップコーン）賞」を表彰され、バケツいっぱいのポップ

コーンと「大神」の称号が贈られた。一般ユーザーは、フォーラムで専門知識を審査されると、シャオミによって1,000名が名誉テストチームに選ばれ、彼らは「栄組児」の愛称で呼ばれた。フォーラムを通じて、開発チームとユーザーは深くつながっていった。月ごとや四半期ごとではなく、日常的にユーザーと交流を深め、参加ユーザーは10万人を突破していくほどに大きな結びつきになった。いわば、10万人の開発チームで製品開発が行っていくような現象が生まれたことになる。そうして、MIUIを発表してから1年後、シャオミが初めてスマートフォンをリリースした2011年8月16日には、プロモーション活動は一切行ってこなかったにもかかわらず、50万人を超えるMIUIユーザーが、シャオミのファンとしてすでに存在していた。シャオミのスマートフォンの中身をよく知っている「身内」とも言えるファンは、他の誰よりも信用できるクチコミ発信者になり、シャオミは信用できるブランドとして、発売と同時にスタートダッシュを切ることができた。

　同社では、全社員がまずは自社製品のファンになり、社員それぞれの友人たちにも「シャオミの友人」になってもらうことを奨励している。新入社員には必ず自社のスマートフォンが支給され、その機種をプライベートでも使ってもらうことになっている。社員は毎月数回「F（Friend）コード」が支給され、特別な招待コードを自身の友人たちに送ることができる。このコードを入力すると、シャオミの直販サイトで優先的に商品を購入できる特典が利用できた。同社は、「妻の母にもシャオミ製品を使ってもらおう」と言われるほど、身の回りの家族や友人に対して、自信をもって薦められるプロダクトとして地道に広め、「シャオミと友人になる」機会の種を日常的に蒔いている。

　これまで企業にとって、商品の発売は1つのゴールとなっていた。シャオミの共同創業者の黄江吉氏は、自身がMicrosoft（マイクロソフト）

に勤務していた頃、事前に構築されている失敗の許されない完璧な開発プロセスと、それゆえの社内における行動の遅さに疑問を感じていたという。そのため、シャオミでは、エンジニアという作り手よりもユーザーの声を大事にし、発売をスタート地点として、消費者の意見を取り入れながら早く柔軟に改良していくプロセスを重要視するようにしている。

　同社では、すべての社員に対して、カスタマーサービスの担当者としての役割を務め、ユーザーと積極的に友人関係を結び、ユーザーと一緒に楽しむ価値観を持つように求めている。「プログラミングに集中できる時間の方が、ユーザーの愚痴に付き合うよりもはるかに価値がある」、「ユーザーの相手は、カスタマーサービスの担当者に任せておけばいい」などと考えがちな転職してきたSE（システムエンジニア）には、マネージャーが全員と事前に時間をかけて話し合い、そうした誤解の解消を徹底している。ユーザーと直接会話できるフォーラムへの書き込みは、社員全員が行う業務となっている。

　また、直営のカスタマーサービスセンター「シャオミの家」では、問い合わせ電話への応答率や、30秒以内に電話を受けた割合、担当案件数、といった従来のKPI（Key Performance Indicator／重要業績評価指標）は採用していない。カスタマーサービスにKPIは不要であり、「ユーザーと友人になること」という1点のみを重視している。担当者は、かかってきた電話に対して、友人相手のように、リラックスした雰囲気で相談に乗る。シャオミでは、カスタマーサービスはレストランにおける接客と同じであると考えて重要視しており、業界平均よりも2〜3割高い給与を支払うようにしている。カスタマーサービスに資金をかけることは、広告宣伝費にあてるよりも有意義である、という姿勢を形に表している。当初は、人手が足らずに社員40％・外注60％でカスタマーサービ

スを運営していたが、社員75％・外注25％へと社員比率を引き上げており、近いうち社員100％を実現させる方針だという。シャオミとユーザーは、友人同士として、一緒に遊び、製品について意見交換し、SNSを通じてコミュニケーションを取る。そうすることで、シャオミは、ユーザーのニーズを吸い上げて製品に反映し、製品のクチコミを自然に広めてもらう、という理想を現実のものとしている。

　シャオミの取り組みから、顧客を友人として捉えて繋がる「ユーザー・アズ・フレンド」を、プロダクトを広めるために有効なエクセレンスとして抽出できる。決して、だらしない姿を見せあうような友人関係ではない。清らかな緊張関係を大切にし、互いに認め合うことができる。仲を深めたいからこそ、良いところを見せようとするし、気配りもする。衝突や失敗をしたときには誠意をもって謝罪し、すぐに仲直りをする。

　どちらかが上に立ち、下のものを屈服させるような関係は、現代には適切でない。不満の声を封殺できる時代ではないために、もはや長続きさせることはできない。上下関係は、1人のユーザーの声や、1人の元社員の告発によって、たやすく崩れ去ってしまう。企業と顧客がWin-Winの関係にある友人となっていてこそ、加点型の完璧主義で、理想を形にしたプロダクトを共創できるようになる。加点型の完璧主義に関しては、**第Ⅲ部 第9章2節**「小さく削り取る完璧主義から、理想を叶える加点型の完璧主義へ」にて詳しく後述しよう。

　あなたは、自社のプロダクトを、正規料金を請求したうえで、自信をもって友人に売ることができるだろうか。見ず知らずの他人の消費者なら売れても、仲の良い友人や家族にはとてもじゃないが売ることはできない。そのようなプロダクトとビジネスだとしたら、「ユーザー・アズ・フレンド」のマインドは到底実現できるものではない。プロダクト

が完璧であるかどうか、という問題ではない。友人にとって価値があり、もし問題が起きた場合には全力でサポートする。その気概を、自らのプロダクトとビジネスに持てるマインドを、組織が共有できていることが重要となる。

3 ▶ したたかに友人関係を結ぶ

「ユーザー・アズ・フレンド」と言っても、企業が、ユーザーと自然に友人になれる偶然を待っている、という運の要素だけでは、マーケティングとは言えない。ユーザーと友人になるきっかけは、戦略的に構築する必要がある。関所を設けるように、したたかに、顧客を追い込み、誘導する。その結果として、顧客が「友人になって良かった」と感じるようなWin-Winの関係にしておけば良いのであって、出会いそのものは作為的で構わない。「良いプロダクト」、「価値あるプロダクト」をつくれば、自然に広がってくれるはずだ、と楽観的に信じることは、言い訳に等しい。企業には、広めるしたたかさが求められる。

Netflix (ネットフリックス) 社は、巧みにユーザーの懐に入り込み、必然的に友人を増やすことに成功している[7] 1997年にアメリカで創業されたネットフリックスは、当初は宅配DVD事業を展開していたが、2007年からVOD (Video On Demand) 事業をいち早く展開し、世界最大の放送局にまで成長を遂げた。2018年の売上は前年比35％増の160億ドル、営業利益は倍増の16億ドルで、2018年末時点での有料会員数は、前年比2,900万人増の1億3,900万人へと伸ばしている。

近年ではオリジナル・コンテンツの制作に力を注いでおり、外部調達

のコンテンツは徐々に減らしていく方針を取っている。2019年のアカデミー賞では、劇場公開をごく小規模にしか実施しなかった、Netflix配信の映画『ROMA』が監督賞、外国語映画賞、撮影賞の3冠に輝き、映画業界に衝撃が走った。同じくNetflix配信の『ピリオド／羽ばたく女性たち』も、短編ドキュメンタリー賞を受賞している。同社は、ストリーミング配信によって、国境を越え、加入者が同じ作品を楽しむことができるように、世界を1つの大きな劇場に見立てた新たな価値を創ろうとしている。そして、その革新的な取り組みを、ハリウッドの映画界の権威を象徴するアカデミー賞が受け入れた証として、『ROMA』の3冠は意義深いものと考えられる。実際に、女優のSandra Bullock氏が主演するNetflixオリジナル映画『BIRD BOX』は、配信後4週間で全世界8,000万世帯に視聴されるヒットを記録した。同社はオリジナル・コンテンツの制作を世界各国で進めており、2019年はアジア8カ国から100本以上のオリジナル作品の配信が予定されている。

　NetflixはスマートフォンでもPCでも見られるが、ネット接続が当たり前になったテレビの大きな画面で楽しむ視聴方法が一般的になってきている。そこで、Netflixが消費者と必然的に出会うきっかけとなっているのが、テレビに標準搭載されたNetflixのアプリと、リモコンに標準装備された専用ボタンである。ネットフリックスは家電メーカー各社に対して、リモコンの製作費の10%を負担する代わりに、アプリと専用ボタンの搭載を交渉し、これらを実現させた。リモコンの製作費用を100円程度とすると、1つ当たり10円の製作費をネットフリックスが負担する形になる。ネットフリックスが日本に参入してきた2015年、ネット対応テレビの出荷台数は約250万台だった。それらすべてにNetflixを標準装備させるために、同社が負担した金額は2,500万円程度と推測される。これは、同社が年間のマーケティング費用に6,000億円

を用意していることを考えれば、極めてコストパフォーマンスに優れた「広める戦略」になったことが分かるだろう。テレビを買えば、必ずテレビのアプリとリモコンには、Netflixが待ち構えている。消費者はこの「関所」を通過することで一定割合がNetflixに加入することを選択し、そしてNetflixのサービスを存分に楽しんでいく。

　1837年にアメリカで創業された、ジュエリーブランドのTiffanyを展開するTiffany & Co.(ティファニー・アンド・カンパニー)社は、より一般的な広告戦略を通じて、消費者が必然的にTiffanyと出会う情報環境を作り出している[8]。2015年、同社では、Tiffanyを贈り物にふさわしいブランドとして消費者に思い出してもらうために、クリスマスの大型広告キャンペーンを展開した。ファッションメディア「WWD」とコラボしたインフルエンサー・インタビューを10本、9メディアとコラボしたホリデー・エクスペリエンスの記事を40本、キュレーションメディア「antenna」に掲載したギフト広告を10本、計60本のコンテンツを配信していった。消費者が「クリスマスをどう過ごそうか」、「何をプレゼントで贈ろうか」と考え始めるタイミングに合わせ、自然な形で情報に接触する環境をつくりあげることが目的だった。消費者がTiffanyの記事に出会い、「(自分で)良いものを見つけた！」、「運命的で、ひとめぼれだ！」と感じてTiffanyのギフトを購入した場合、それは同社の思うまま、手のひらのうえでしっかりとコントロールされている状態に他ならない。魚のように、蒔かれたエサとは知らずに食いつき、上手く釣り上げられ、Tiffanyの友人になったことになる。

　ユーザーと友人として繋がることは、決して特別なことではない。保育園や幼稚園で、子供たちは必ずと言っていいほどアンパンマンを好きになる。子供たちにとって、アンパンマンはまさしく友人である。しかし、なぜ必ずと言っていいほど子供たちがアンパンマンのユーザーに

なっていくのかといえば、保育園や幼稚園の絵本やおもちゃ、遊び道具としてアンパンマンが深く入り込んでいるからに他ならない。自然に、無意識的に、子供は一時期、誰もがアンパンマンと友人になって育つ。それは、刷り込みと言ってもいいレベルで浸透している。そして、園で友人になったアンパンマンの絵本やおもちゃを家でも欲しがり、休日にはアンパンマン・ショーに出かけ、友情を深めていく。子を持つ親にとっては最恐のマーケティングが、実は身の回りで実践されている。

4 ▶ ライト・オピニオンリーダー

　3つめのマーケティング・マインドは、プロダクトを広めるために友人関係を結んでいくユーザーのなかでも、誰から広めていけば効果的なのか、という問いに対する回答となる「ライト・オピニオンリーダー（Light Opinion Leader／以後、LOL）」である。消費者は「オピニオンリーダー（Opinion Leader／以後、OL）」、「大衆」、「オピニオンディスリーダー（Opinion Dis-Leader／以後、ODL）」という3つに大別できる[9]。OLとは、その他の大衆から見て、「自分もできるなら、いつかはこの人のようになりたい」と思われる主観的な対象である。一般消費者であればグループごとにライトなOLが存在するし、芸能人やスポーツ選手はトップのOLとして大勢から憧れを寄せられる。だからこそ、芸能人やスポーツ選手は、多くの大衆が憧れてフォローしてくることを期待されて、プロダクトの広告塔に選ばれやすい。

　反対に、ODLは、大衆から見て、「この人のようにはなりたくない」と思われる対象である。明言はせずとも、一般消費者のコミュニティご

とにODLは存在するし、テレビに出てきたらチャンネルを変えたくなるような芸能人やスポーツ選手のODLは、人それぞれにいることだろう。分かりやすく言えば、自身の嫌いな人が愛用しているブランドは、意地でも身に付けたくない、という感覚である。利用者の印象が悪ければ、そのプロダクトのブランド・イメージは著しく損なわれる。広告塔として起用している芸能人やスポーツ選手の好感度が下がったり、不祥事があったりすれば、別の人に切り替えられるのは当然のことである。

　大衆は、OLからはポジティブな影響を、ODLからはネガティブな影響を受けながら意思決定をする。OLを見て、「私もああいう風になりたい」とフォローしていく。ドラマやバラエティ番組で芸能人が着用した洋服は、ネット上で即座に商品が特定されて完売していく現象が、イメージしやすいだろう。反対に、ODLを見ると、大衆は「あれと同じとだけは思われたくない」と拒絶していく。

　こうしたオピニオンリーダー論に関して、特に欧米では人種問題に直結されやすいデリケートなテーマとして扱われている。しかし、SNSによってOL／ODLの果たす役割と影響力は飛躍的に大きくなっており、プロダクトを広めるうえで、もはや避けて通れない視点である。プロダクトの市場導入の初期段階において、一定比率のOLを顧客にすることができれば、OLたちがユーザーになっているという事実がブランド・イメージの向上を導き、OLの周囲の人々が徐々にフォローしていって息の長い成長曲線を歩むことができる（図6-3）。逆に、初期段階で一定比率のODLを顧客としてしまった場合には、売上が伸びずに低空飛行を続けるルート、あるいは一時的には伸びてもピークが早く訪れて急速に失速していくルートを辿ることになってしまう。プロダクトを広め、イノベーションにするためには、成長曲線をOL採用ルートに乗せる必要がある。

図6-3▶ OL／ODLと製品のライフサイクル

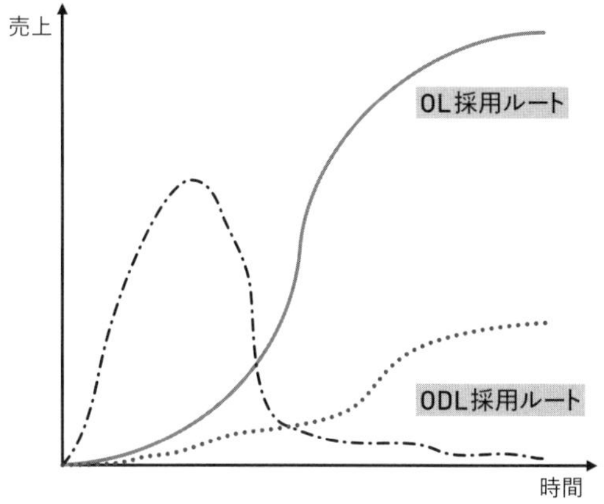

売上　OL採用ルート　ODL採用ルート　時間

出典：永井（2010）。

　中国には、OLを起爆剤としてプロダクトを普及させる戦略が、一種の文化と言ってもいいほどに深く根づいている。中国ではもともと、企業による情報の信用性が低かったために、一般消費者同士のクチコミが重要な情報源となってきたが、SNSの発展によってKOL（Key Opinion Leader／以後、KOL）と呼ばれる層が、数と影響力をますます増大させていっている[10]。

　日本のOLは、ユーチューバーを除けば、特定の商品を露骨に宣伝することは避ける傾向にある。自身が経営に近い立場にいれば、例外はある。お笑いコンビ、とんねるずの木梨憲武氏は実家の自転車である木梨サイクルをアピールしているし、女優の柴咲コウ氏は、自身が起業したレトロワグラース社のアパレルブランド「MES VACANCES」についてSNSで発信している。そうではなく、自身が経営する会社の商品ではないものを露骨に宣伝することは、日本ではステルスマーケティングとし

てネット炎上を招く可能性があり、ましてや商品を買い取って代理販売するケースはほぼ見られない。しかし、いずれも、中国では当たり前の光景である。

　中国では、芸能関係者が自身の私生活をテレビ番組やSNSでオープンにすることは日本よりも一般的で、商品やブランドの宣伝は自然に行われている。元映画脚本家のZola Zhang氏、スタイリストのFil Xiaobai氏、元ジャーナリストのBecky氏などは、影響力の強いKOLとして海外メディアでも取り上げられている。なかでも、モデルがKOLとしての活動を本業に移すケースが増えている。元モデルの李烈氏は、ライブ配信を通じた商品宣伝・販売のために夫と会社を興し、200名程度のスタッフと専門チームを抱えてKOLの活動を本業としている。C2C（Consumer to Consumer）売買のプラットフォームTaobao（淘宝網）で190万人のフォロワーを抱え、ファッションアイテムから生活用品までを販売している。日本のイミュ株式会社のブランド「OPERA」の化粧水は、李氏のライブ動画よって3分間で1万本以上が販売された。中国のネット通販の一大イベントとなっている11月11日の「独身の日」には、李氏のライブ動画の視聴者数は100万人を超える。Taobaoのオンラインストアは、年商6億元（約96億円）だという。また、モデルとして人気だった張大奕氏は、Weiboで700万人以上のフォロワーを抱え、2014年にTaobaoに自身のストア「The Wardrobe I Like」を出店、2016年には50億円を超える売上を記録している。

　中国のKOLによる市場規模は9,000億円と言われる。KOLは個々のSNSで多数のフォロワーを抱え、つぶやきの「Weibo」、ライブ配信の「直幡」、テキストと動画投稿の「小紅書」など、SNSを使い分けて宣伝をしていく。「Weibo」で特売や新商品の情報を発信し、直幡では自身が出演して宣伝を行い、小紅書では見栄えの良い画像を投稿する。もと

もと女優やモデルといった芸能関係者として持っていた人気を武器として商品の宣伝をしていく有名人タイプと、こまめにフォロワーや視聴者と交流しながら説得力ある情報発信でKOLに成り上がっていく中国のネットインフルエンサー「網紅(ワンホン)」タイプに分けられる。

日本では、文化や価値観の違いを考えると、主体的かつ積極的に商品を宣伝していくOLが大衆に与える影響力の強さと範囲は、今後も中国に比べれば限定的なものになると推測される。しかし、OLの影響力が増大を続け、プロダクトを広めていくうえで重要な存在になるという傾向は、日本にも確実に当てはまる。そこで、OLのなかでも焦点を当てるべき存在として取り上げるべき対象が、LOLである。2つの意味で「ライト」なオピニオンリーダーを、自社プロダクトの味方にできるかどうかが、そのプロダクトの命運を左右する。

「ライト(軽い)」には、ユーザーとしてのライトさと、OLとしてのライトさがある。前者は、ヘビーユーザーの過大評価とライトユーザーの過小評価を改め、ライトユーザーの見直しを行うために重要となる[11]。イギリスにおいて、消費者のコカ・コーラの平均購入回数は年に12回だという。しかし、ではイギリス人は誰もが月に1度のペースでコカ・コーラを飲んでいるかと言えば、そうではない。平均の中身を見てみると、全購入者のうち、50％は年に1、2回しか買っていない層、30％は年に1回未満で数年に1度の頻度でしか飲んでいない層であり、残り20％のヘビーユーザーたちが平均値を押し上げていた。世界有数のブランドであるコカ・コーラでさえ、ユーザーの大部分はライトユーザーが占めている。この傾向は、よりコーラが好まれるアメリカにおいても、また別のカテゴリーの製品を見てみても、類似することが明らかになっている。つまり、ブランド購入者の大部分は、ごくまれにしか購入しないライトユーザーが占めているという事実が浮かび上がる。

しかし、マーケターはこの事実を忘れ、消費者と言えば、良く買ってくれているヒトと思いがちである。コカ・コーラを週に1度以上、年に52回以上購入しているような超ヘビーユーザーは全体の4%で、彼らが年間売上の25%をもたらしている。この超ヘビーユーザーたちは、商品購入を習慣化しており、真新しいマーケティング施策がなくとも買い続けてくれる。にもかかわらず、ヘビーユーザーを更なるヘビーにしていくための広告やキャンペーンが多すぎる。逆に、腰の重いライトユーザーたちを動かすことができたときこそ、売上は飛躍的に伸び、プロダクトは成長を遂げる。ライトユーザーとノンユーザーにリーチできたときに、プロダクトはピークに近づくことができる。そして、プロダクトに関心をもって情報探索してくれるわけではないライトユーザーたちを動かすためには、他者の行動やクチコミがカギとなる。だからこそ、ライトユーザーの大衆を動かせる、自身もライトユーザーであるLOLをプロダクトの味方につけることには大きな価値がある。

　後者の、OLとしてのライトさは、大衆への影響力の観点で、もっと重要視していかなければならない[12]。芸能人やスポーツ選手といったトップ・オピニオンリーダー（Top Opinion Leader／以後、TOL）の影響力は確かに大きいが、一過性のものとして短命に終わっていく傾向にある。セレブによる発信は広範囲に届くが、そのインパクトの長さは短いものとなるため、プロダクトを広めるためには、SNSの仲間同士のシェアの方が効果的となる。近くにいる仲間の意見に影響され、いくつもの小グループで情報が拡散されていく方が有効になる。

　圧倒的なTOLに対して、大衆は自らと線引きをして、「別世界のヒト」として見る。TOLの声は、世界中の大衆の耳に届くかもしれないが、別世界の人の考えとして自分事化はされにくい。右から左へと流されるように日々消費される、ニュースの1つとして扱われてしまう。そ

れよりも、大衆が「この人が言っているということは他人事じゃない」と、自分事として共感できるクチコミの方が、インパクトの長い情報となることができる。「いつかは私も」と大衆が夢見られる程度の、手の届くライトさ（手軽さ）を備えたLOLこそが、大衆を動かす起爆剤となる。比較的に影響力の低い、多数のライトなOLたちをもっと重要視する必要がある。

註

1 ── 永井（2017）を参照。永井竜之介（2017）「第3章　マーケティング情報」『マーケティング論　改訂版』白桃書房、73-91。

2 ── 株式会社宣伝会議（2016）を参照。株式会社宣伝会議（2016）「透明性、リアルタイム、共創…デジタル時代の新ブランド戦略」『宣伝会議2016年3月号　デジタル時代の新ブランド戦略』株式会社宣伝会議、14-15。

3 ── 李（2018）を参照。李智慧（2018）『チャイナ・イノベーション──データを制する者は世界を制する』日経BP社。

4 ── Tech Crunch「Taylor Swift Confirms 1989 Will Now Be On Apple Music」を参照。(https://techcrunch.com/2015/06/25/taylor-swift-confirms-1989-will-now-be-on-apple-music/)

5 ── 徳力基彦「一晩で中国市場を全て失ってしまったドルガバ炎上事件の衝撃」、WWD JAPAN「「ドルチェ＆ガッバーナ」に怒れる中国　「ヴォーグ」編集長や著名女優、モデルなど中国人7人のコメントを公開」を参照。(https://news.yahoo.co.jp/byline/tokurikimotohiko/20181123-00105139/)、(https://www.wwdjapan.com/744336)

6 ── 黎（2015）、China PASS「シャオミ（Xiaomi）のCEOレイ・ジュンは中国のスティーブ・ジョブズ？」、engadget「Xiaomi初の「5Gスマホ」は599ユーロと驚きの低価格、5月発売へ #MWC2019」、およびiPhone Mania「インドのスマホ市場でXiaomiがSamsungを抑えて1位に」を参照。黎万強（2015）『シャオミ　爆買いを生む戦略』日経BP社。(https://chinapass.jp/2018/news/xiaomi-ceo-lei-jun/)、(https://japanese.engadget.com/2019/02/24/xiaomi-5g-599-5-mwc2019/)、(https://iphone-mania.jp/news-238376/)

7 ── 川上（2017）、Impress Watch「Netflixの全世界加入者は1億3,900万人。独自作品をさらに強化」、およびCinema Cafe.net「【第91回アカデミー賞】『ROMA／ロー

マ」旋風、Netflixがオスカー受賞にこだわる理由は？」を参照。川上昌直（2017）『マネタイズ戦略——顧客価値提案にイノベーションを起こす新しい発想』ダイヤモンド社。(https://www.watch.impress.co.jp/docs/news/1165385.html)、(https://www.cinemacafe.net/article/2019/02/25/60448.html)

8 ——株式会社宣伝会議（2016）「"消費者インサイト至上主義"で低消費時代でも支持される」『宣伝会議2016年3月号　デジタル時代の新ブランド戦略』株式会社宣伝会議、28-29。

9 ——永井（2010）を参照。永井猛（2010）『富と知性のマーケティング戦略』五絃舎。

10 ——NEWS PICKS「【直撃】中国トップインフルエンサーが明かす、年商100億円の「舞台裏」、VOGUE JAPAN「中国のトップインフルエンサー9人の素顔——彼らはなぜ、頂点を極めることができたのか。」、インバウンドNOW「【ジャンル別】中国人のKOL10人を紹介。プロモーションを成功に導くポイントも解説します」、およびBeauty Tech.jp「中国のKOLマーケティング、網紅（ワンホン）の選抜が成功の鍵」を参照。(https://newspicks.com/news/3453628/body/)、(https://www.vogue.co.jp/fashion/interview/2018-09-30/chinese-influencers-to-know-now/cnihub)、(https://inboundnow.jp/media/knowhow/3317/)、(https://beautytech.jp/n/n4d98d49e1546)

11 ——シャープ、アレンバーグ・バス研究所（2018）を参照。バイロン・シャープ、アレンバーグ・バス研究所（2018）『ブランディングの科学——誰も知らないマーケティングの法則11』朝日新聞出版。

12 ——永井（2010）、山本（2014）およびハイマンズ、ティムズ（2018）を参照。永井猛（2010）『富と知性のマーケティング』五絃舎。山本晶（2014）『キーパーソン・マーケティング——なぜ、あの人のクチコミは影響力があるのか』東洋経済新報社。ジェレミー・ハイマンズ、ヘンリー・ティムズ（2018）『NEW POWER——これからの世界の「新しい力」を手に入れろ』ダイヤモンド社。

Part **III**

innovate
"YOUR WORLD"

Part **III** innovate **"YOUR WORLD"**

- ☑ Chap. **7** **Radical innovations**
- ☑ Chap. **8** **Mind changes**
- ☑ Chap. **9** **Reborn**

Chapter 7 Radical innovations

ラディカル・イノベーションを生み出すために

　現在のビジネス環境は、「VUCA時代」[1]と言われる。VUCAとは、Volatility（変動性）、Uncertainty（不確実性）、Complexity（複雑性）、そしてAmbiguity（曖昧性）の4つの言葉の頭文字を組み合わせたものである。もともとは、1990年代におけるアメリカの軍事情勢を指して用いられた言葉で、何でも起こりうる予測不可能な状態を表している。国や組織、宗教など、いつどこから戦争やテロを仕掛けられてもおかしくないような状況に置かれたアメリカは、軍事におけるVUCAのもとにいた。

　そして現在、あらゆる企業が経済におけるVUCAのもとにいる。2010年以降のビジネス環境は、一国レベルの経済状況から、企業の業績、ビジネスパーソンのキャリアに至るまで、すべてにおいて先が読めず、複雑性を増した、予測困難なVUCA時代を迎えている。各国が進める政治的・経済的政策は、ビジネスの局面を次々に変えていく。テクノロジーやエネルギーの変化・革新は加速し、ビジネスの前提条件や競争ルールは大きな変化を続けていっている。消費者のライフスタイルやトレンドは多様化し、流行り廃りは極端に早くなっている。さらに、以前よりも世界の至るところで自然災害が生じるようになり、気候環境も不安定さを増している。

VUCA時代に求められるイノベーションとして重要性を高めているのが、ラディカル・イノベーションだ。ビジネスモデルや技術といった「設計」において、既存から非連続的で、抜本的な革新を継続的に創り出していくことによって、企業はVUCAのもとでも成長を続けることができるようになる。しかし、日本企業は伝統的にラディカル・イノベーションを不得意にしてきた。ラディカル・イノベーション創出のためには、どのような要因が有効となるのか。そして、そのために、日本のヒトと組織はどう変わっていけばいいのか。アカデミックからの知見を基に、考えていこう。

1 求められるラディカル・イノベーション

イノベーションは、いくつかの種類に分類することができる(図7-1)[2]。1つには、イノベーションを創出する主体の境界線によって、クローズドとオープンに分けられる。企業が自社単独で、自前で生み出す革新は、クローズド・イノベーション (Closed Innovation) と呼ばれる。「Made in JAPAN」のモノづくりで世界を席巻した時代、日本企業は、自社だけが持つ技術とノウハウによって生み出すクローズド・イノベーションで、競合他社を突き放した。それに対して、自社と社外に境界線を引かずに、企業が外部企業 (取引先、同業他社、異業種) や自治体、研究機関、あるいは一般消費者と共同で生み出す革新が、オープン・イノベーション (Open Innovation) である。外部と手を組むことで、互いの強みや資産を組み合わせ、より早く安く、短サイクルで生み出すことができるオープン・イノベーションによって、近年、数多くの革新が創られるように

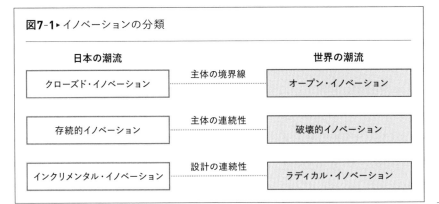

出典：筆者作成。

なった。

　イノベーションは、創出主体の連続性によって分類することもできる。既存の有力企業によって、継続的に生み出される革新は、存続的イノベーション（Sustaining Innovation）と呼ばれる。それに対して、既存の市場構造を切り崩す、新興ベンチャー企業による革新は、破壊的イノベーション（Disruptive Innovation）となる。イノベーション創出の主体となる企業が、連続的か非連続的かという違いであり、市場の新陳代謝の有無と言ってもいい。日本では、昔から強い大企業による存続的イノベーションが長く続けられているのに対し、アメリカや中国では、新興のベンチャー企業群が新たな担い手となる破壊的イノベーションが次々に生じている。

　もう1つ、イノベーションの中身が連続的か非連続的か、という設計の連続性による分け方もある。ビジネスモデルや技術などに関する、イノベーションの設計において、以前の設計と連続的な革新は、インクリメンタル・イノベーション（Incremental Innovation）と呼ばれる。そして、以前の設計と非連続的に、劇的な変化を伴う革新が、ラディカル・イノ

ベーション（Radical Innovation）となる。多くのケースにおいて、既存企業による存続的イノベーションは、主要顧客のために、既存製品の性能を連続的に向上させていくインクリメンタル・イノベーションとなりやすい。同様に、新興ベンチャー企業による破壊的なイノベーションは、既存の有力企業の品質基準は満たさないような、「最低限の品質だが、新奇性があって面白い」プロダクトとしてリリースされ、急速に品質を向上させていくことでシェアを奪い取る革新となるため、既存とは非連続的なラディカル・イノベーションになりやすい。ただし、主体の連続性による存続的／破壊的の分類と、設計の連続性によるインクリメンタル／ラディカルの分類は、混同されやすいが、別物である。既存の有力な大企業による存続的イノベーションでありながら、設計においては非連続的な、ラディカル・イノベーションとなるケースも十分にありえる。

　大別すれば、世界におけるイノベーションの潮流は、外部と連携するオープン・イノベーション、新興のユニコーンやメガ・ベンチャーを主体とした破壊的イノベーション、そして既存の設計とは非連続的なラディカル・イノベーションとなっている。対照的に、日本企業によるイノベーションの伝統的な潮流は、クローズドで、存続的、インクリメンタルな革新である。このうち、クローズドからオープンへの変化は、日本企業のなかでも進んできている。クローズドな自前主義による大きすぎる成功体験から抜け出し、オープン型の革新を志向する日本企業がどんどんと増えてきている。しかし、あとの2つはなかなか変化の兆しが出てきていない。

　日本は、市場に新陳代謝が起きておらず、既存企業による存続的イノベーションが続けられている。そして、それゆえに、既存の大企業が得意分野とする、自社の既存事業の改良・改善を重ねていくインクリメンタル・イノベーションが偏向的に進められる傾向にある。生産現場にお

ける「カイゼン」が日本のモノづくりを飛躍させる原動力になったように、過去の成功である既存事業に対して集中的にヒト・モノ・カネが投入され、インクリメンタル・イノベーションを重ねれば重ねるほど、その既存軸からは離れられなくなっていく。既存軸の価値を高め続け、その1つの山を登り続けてしまうと、もう下山はできなくなる。他の山や、低い山には、今さら足を踏み入れようとしなくなってしまう。そうしているうちに、地殻変動や天変地異が生じて既存の大きな山が崩れたら、企業も一緒に沈んでいくことになる。持続的に、既存事業を革新させていくインクリメンタル・イノベーションは、着実に、安定的に、成長を続けることができる。一方で、新たな成長事業を構築し、発展させていくうえでは有効でない。インクリメンタル・イノベーションだけでは、激動のVUCA時代にあって、企業が新たな価値を生み出し、成長・飛躍を遂げていくことは困難になってきている。

　数多くの日本企業が、現状に対する大きな危機感と、抜本的な方針転換の必要性を自覚し始めている。パナソニックは、2019年3月期の決算で、売上高8兆円、営業利益4,100億円と、前年からの増収増益を達成したが、年金制度の見直しや資産売却などによる一時的な利益が大きかった[3]。実態としては、アプライアンス、エコソリューションズ、コネクティッドソリューションズ、オートモーティブ＆インダストリアルシステムズ、という主要4領域すべてにおいて、大幅な減益になってしまった。同社社長の津賀一宏氏は、現在の危機感は200％と言っていいほどに大きく、このままでは次の100年どころか、次の10年も危うい、と公言している。そのため、「機能が優れ装備がリッチであればいいという高級・高機能を追求する『アップグレード型』はもうやめる。暮らしのなかで顧客がこうあってほしいと望むことを、製品に組み込んだソフトの更新で順番にかなえるような『アップデート型』に変えていく」[4]

と、自社の改革を進めている。

　パナソニックは、絶対的な最高のモノという幻想を追うメーカー視点から離れ、より良く暮らしをアップデートしていく「くらしアップデート業」に生まれ変わるという。その一環として、社長自らが2018年だけで8回も中国を訪れ、暮らしの実態を見るために5軒の家庭訪問まで実施した。2019年4月には、中華圏を専門でベンチマークする、同社初の地域別社内カンパニー「中国カンパニー」を設立している。「中国のスピード感についていけなければ、アジアでもインドでもうまくいかない」[5]と説明し、中国企業と手を組み、中国のインサイダーになって、中国企業のようにリスクを取って新規事業を成功させていく方法を模索している。

　ソニーは、2018年3月期に、売上8兆6,000億円、営業利益8,900億円と、過去最高の営業利益を達成した[6]。同社の最高益を導いたのは、家電事業ではなく、プレイステーション4をはじめとしたゲーム&ネットワークサービス事業、CMOSイメージセンサーに代表される半導体事業、そして生命保険・損害保険・銀行などの金融事業、の3分野となっている。好調のソニーだが、同社社長の吉田憲一郎氏は、「テクノロジー企業としての危機感がある」と強調する。その理由は、世界のライバルとの大きな格差にある。ソニーがライバルとして位置付ける韓国のサムスン電子(三星電子)の営業利益は5兆円を超えており、桁が一桁異なる。ソニーが存在を意識しているというGAFA (Google (グーグル)・Amazon (アマゾン)・Facebook (フェイスブック)・Apple (アップル))は、そのさらに上を行っている。

　日本のトップを独走するトヨタ自動車は、日本企業として初めて売上30兆円を突破したが、それでもなお大きな危機感をあらわにしている[7]。同社は、2019年3月期の決算で、前年比2.9%増の売上30兆2,000

億円、前年比2.8%増の営業利益2兆4,000億円を記録した。ダイハツ工業、日野自動車を合わせたトヨタ・グループでの自動車の世界販売台数は1,060万台であり、ドイツのVolkswagen AG（フォルクスワーゲン）、アメリカのGeneral Motors（ゼネラル・モーターズ）、そして日産・Renault（ルノー）・三菱自動車による日仏3社連合とともに、世界標準である「1,000万台クラブ」に名を連ねている。しかし、同社社長の豊田章男氏は、「100年に1度の大改革の時代」、「勝つか負けるかではなく、生きるか死ぬか」といった発言を繰り返し、危機感を強調している[8]。

　自動車業界は、Connected（コネクティッド・カー）、Autonomous（自動運転）、Shared（カーシェアリング）、Electric（電動化）という「CASE」と呼ばれる4つの新領域が急拡大し、異業種のITメガ・ベンチャー群による新規参入・競争激化が進んでいる。各国によるガソリン車の規制とEV（電気自動車）の奨励、コネクティッド・カーや自動運転車による自動車メーカーからITメガ・ベンチャーへの産業の主役交代、カーシェアリングの発展による自動車需要そのものの減退など、自動車を取り巻く競争環境と市場構造は目まぐるしい変化を続けている。そのため、豊田氏は、「私はトヨタを、クルマ会社を超え、人々の様々な移動を助ける会社、モビリティ・カンパニーへと変革することを決意しました」[9]と宣言し、同社のドラスティックな改革を進めている。同社の発表した、モビリティ・サービス専用の次世代EV「e-Palette Concept」は、CASEの次世代自動車技術がつぎ込まれており、「パレット」のように、朝・夕はライドシェアリングとして、昼間は移動型の店舗・ホテル・オフィスとして、ニーズに応じて変形して利用可能なプラットフォームとして開発が進められている。アマゾンやディディ（滴滴出行）、マツダ、ピザハット（Pizza Hut）、Uber（ウーバー）など、国もジャンルも様々なパートナーと協業して実証実験を進めており、2020年の東京オリンピックでの活用

を視野に入れているという。

　現時点において、苦境に置かれている企業はもちろん、成功を掴んでいる企業も含め、日本企業には、既存ビジネスと非連続的で、劇的な変化と価値を生み出すラディカル・イノベーションが必要とされている。ただし、必ずしも、ラディカル・イノベーションを独力で生み出すことに固執する必要はない点には注意しておきたい。AI（Artificial Intelligence）があらゆるモノに入り込み、IoT（Internet of Things）で繋がり、スマート化を続ける家電や住宅、自動車など、多くのビジネス領域において、オープン・イノベーションが前提化していっている。AI、IoTを含むソフト面と、モノづくりのハード面を、すべて自前で用意できる企業は、ほぼ存在しないと言っていいだろう。オープンに、外部と手を組んだうえで、イノベーション創出に取り組むプロセスが当たり前になりつつある。であれば、自社にない部分は、外部に求めれば良い。

　例えば、ラディカル・イノベーション創出の中核となる、「新しい何か（Something New）」を見つける役割は、米中のベンチャーに任せてもいい。その代わりに日本企業は、アンテナを高く張り、情報収集とネットワーク構築に関するスキルを重点的に向上させ、いつでも、誰とでも手を組める、オープン型のビジネスのマインドと仕組みを社内に浸透させておく、という道もある。日本企業は、革新の種を創り出す試行錯誤の部分におけるリスクを取らない代わりに、パートナー選定・協業におけるリスクを覚悟して、挑戦的に、米中ベンチャーと提携をしていってもいい。そして、いち早く、米中で生み出されるラディカル・イノベーションの種子を取り入れ、日本企業が「Marketing」の役割を果たして発芽させ、大きく仕上げ、世界に広めていく。そうした、国や企業の間での役割分担はあっていいはずである。

　日本企業は、単純に米中の後追いをする必要はなく、米中の成功パ

ターンをそのまま取り入れる必要もない。そうではなく、したたかに、米中をベンチマークし、彼らを利用する手段を考えていくことこそが重要となる。もちろん、同じ土俵で真っ向から戦って勝てるように、自前でラディカル・イノベーション創出に努める道を進む選択肢も、実現できれば価値あるものとなるだろう。変わり方、革新の起こし方、は1つの正解があるわけではない。よく学び、よく分析し、企業とビジネスパーソンが、自分なりの正解を形作っていくことこそが勝ち残りの道標となる。

2 ▶ 革新の最重要ファクターとなる企業文化

　日本企業が単独で、あるいは外部と連携して、ラディカル・イノベーションを生み出していけるようになるには、何を変えることが有効なのか。アカデミックの知見から、紐解いてみよう。ラディカル・イノベーションを生み出す要因に関しては、数多くの研究が進められてきた。知財保護や産官学連携の推進、企業の研究開発に対するサポート、ハイテク分野への資金投入や優遇措置、といった国レベルでの政策。国レベルでの投資市場やVC（Venture Capital）の活性状況、研究開発投資の金額、あるいは企業レベルでの売上や研究開発費、などの資本力。国レベルでの科学者やエンジニアの輩出、MBA（ビジネススクール）や科学研究機関の数とクオリティ、あるいは企業レベルでの研究開発の人材など、人材（労働力）の量と質。価値観や宗教、都市構造までを含めた、国の文化。そして、個々の企業内で形成されていく企業文化。これらの要因はいずれも、ラディカル・イノベーション創出を導く要因として先行研究で指

摘されてきたものである。

　誰もが知りたいと思うのは、「これらのなかで、特にどの要因がカギとなるのか」についてである。それを解明するために、米中日を含む世界17カ国、759社に対する調査が実施された[10]。その結果、ラディカル・イノベーションを生み出すために、最も強力な要因となるのは、企業文化であることが実証された。革新のために有効と考えられる具体的な企業文化として、先行研究のレビューから、図7-2にある6つが導き出され、なかでも最重要となるのは、「リスクテイク（Risk Tolerance）」だった。企業として、リスクのある決断ができるかどうか、ハイリスク・ハイリターンの領域への投資に踏み切れるかどうか、そしてリスクある冒険的なビジネスに挑戦できるかどうか。リスクテイクの高い企業ほど、ラディカル・イノベーションを生み出す傾向は高まる。

　次点となったのは、「未来志向（Future Market Orientation）」である。現時点よりも未来の市場や顧客、ニーズを重要視できているか、そして産業構造の変化をいち早く見つけようとしているかどうか、が革新のために重要であることが分かった。続いて、新規事業開発のために既存事業を犠牲にできるかどうか、既存事業の売上を損ねるような新規事業に注力できるかどうか、というカニバリゼーション（共食い）を怖れない「カニバリゼーションの覚悟（Willingness to Cannibalize）」。新規事業や新規アイデアを生み出す部署に対する企業全体、あるいは経営層によるサポート体制が整えられているかどうか、という「新アイデアの奨励（Product Champions）」。革新的な成果をあげた社員に対して金銭や栄誉の報奨を提供しているかどうか、という「インセンティブ（Incentives）」。この3つの要因も、ラディカル・イノベーション創出へのプラスの効果が実証された。社内において部署間での競争を奨励しているかどうか、に関する「社内競争環境（Internal Markets）」は、この研究においては有効性が

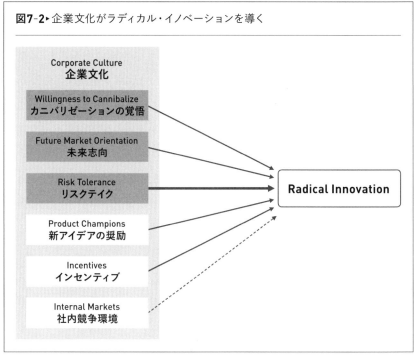

図7-2 ▶ 企業文化がラディカル・イノベーションを導く

出典：Tellis et al. (2009) を基に筆者作成。

確認されなかった。企業文化のほかに、ラディカル・イノベーションの創出に有効な要因として確認されたものは、「研究開発の強化（R&D Employees／All Employees）」のみで、その影響力は「リスクテイク（Risk Tolerance）」と「未来志向（Future Market Orientation）」を下回っていた。

「ラディカル・イノベーションを生み出すためには、企業文化が最重要ファクターとなる」という研究結果は、日本のビジネスパーソンに勇気を与えてくれるものとなる。なぜなら、国民性や価値観、市場規模、国の支援体制の違いを言い訳にすることなく、自助努力で変えられるという証明に他ならないからだ。ヒトと組織が、自主的に企業を変えてい

くことができれば、日本からラディカル・イノベーションを創り出すことはできる。

　シリコンバレーのテック企業の役員陣に対する定性調査からも、「企業文化 → ラディカル・イノベーション」という図式を支持する知見が明らかになっている[11]。ラディカル・イノベーション創出に成功している企業には、自己組織化された社員が、シンプルな規則のもとで大量の実験を行い、その試行錯誤のなかから偶発的にラディカル・イノベーションを生み出していっている、という特徴が発見された。ラディカル・イノベーションを生み出すためには、完璧なコントロール体制を構築しようとするのではなく、革新が生まれやすくなる文化を醸成することが有効であることが分かった。

　企業は、社員の活動内容や働き方に対して、過剰に干渉せずに、「Aが起きたら、Bを行う」といったシンプルな規則だけを設けておく。幅広い活動の選択肢と決定権が与えられた社員は、試行錯誤のプロセスを通じて、幅と深さのあるインプットを重ねていき、失敗が積み重なった先に革新が生み出される。ここで不可欠となるのは、社員が失敗しても安全だと納得し、失敗というリスクを恐れずに、成長への挑戦に取り組むことができる環境（評価制度と空気）の整備である。また、完璧さよりも、スピードを重要視する必要がある。社員を、ひとつひとつのルーティーン作業を完璧になるまで仕上げるよりも、数多くの試行錯誤をこなしていくなかから及第点の結果を達成させるように導き、そのチャレンジを反復させる方が、はるかに早く、多くの学びになり、目的を達成していくことができるようになる。

3 ▶ 体現する中国ベンチャーの巨人たち

「リスクテイク」、「未来志向」、「カニバリゼーションの覚悟」、「新アイデアの奨励」、「インセンティブ」、そして「社内競争環境」。これら、ラディカル・イノベーション創出に作用する企業文化の各要素は、本書の各章で見てきたように、飛躍を続ける中国ベンチャーの巨人たちに見事なまでによく当てはまる。リスクを覚悟のうえで、ハイリターンを求め、赤字を出しながら猛スピードで走り続けるベンチャーは、リスクテイクと未来志向の塊と言える。ここでは、イノベーションを生み出していく中国ベンチャーの巨人たちの、ユニークな企業文化をさらにいくつか紹介しよう[12]。

AIによるパーソナル・レコメンド機能を強みとして、ニュースアプリ「今日頭条」をはじめ数十にのぼるメディア・サービスを展開する世界最大のユニコーン、バイトダンス（字節跳動）の創業者である張一鳴氏は、「Stay hungry, stay young（貪欲であれ、若々しくあれ）」[13]という価値観を社内に植え付けている。これは、アップルの創業者であるSteve Jobs氏の「Stay hungry, stay foolish（貪欲であれ、愚直であれ）」をマイナーチェンジさせたものだという。「Stay young」を重要視する理由は、スキルと熱意を向上させ続けることにある。

張氏は、かつて自身よりも優秀だった人材の多くが、10年後に平凡な人材に成り果てている様子を目の当たりにしてきたという。大企業、なかでも中国の銀行に就職したヒトの多くは、政府の補助を利用して家を買い、良い暮らしを手に入れることができる。高い目標を設定せずに、苦労を嫌い、楽を覚える。そうした年齢の重ね方をしてしまうこと

によって、スキルと熱意を大きく低下させていく。自身が身を置く環境によって、あるいは自身の周りにいるヒトのレベルやタイプによって、ヒトのスキルと熱意は良くも悪くも影響を受けやすい。だからこそ、自社に「Stay hungry, stay young」の環境を整備しておくことを重要視している。バイトダンスは、ルールや常識、慣習に縛られずに、洗練されていなくとも熱意に満ちて、次のビジネスに取り組んでいける環境を整え、飛躍を続けていっている。

　中国のEC市場を支配する巨人、アリババ（阿里巴巴集団）の本社は、眠ることのない「杭州の不夜城」と言われる。基本となる勤務時間は、9時始業〜18時終業で昼休憩1時間の8時間労働だが、18時に帰宅する社員はほとんどいない。20時になると帰宅するヒトがぽつぽつと出始め、22時がスタンダードな帰宅時刻になっている。25時、夜中の1時に帰宅するときには、しっかりと残業をした感覚を持つという。そして、プロジェクトの立ち上げ時や、繁忙期には、徹夜をして2日連続勤務で、翌日の18時に帰宅するケースも一般的である。ただし、同社に残業の強制はない。また、日本人と違い、中国人には「周りに遠慮して、上司や同僚が帰らないから、私も帰れない」という感覚は皆無に等しい。同社の社員たちは、自主的に、貪欲に残業をしているのである。

　アリババが不夜城となっている理由は、4つある。まず1つめには、社内に多数存在する億万長者たちの存在である。アリババは完全成果主義であり、大型プロジェクトを成功させたヒトには、特別ボーナスや自社株などの破格のインセンティブが支給される。役員だけでなく、現場レベルの社員のなかにも、成果をあげてチャイニーズ・ドリームを掴んだヒトが大勢いる。社員はその事実を知っているから、自身も成功を勝ち取るために、高いモチベーションを備えている。2つめは、成果を出せなければ、すぐさま淘汰されてしまうために、常に危機感を持ってい

る点である。成果を出せなかった場合には、どんどんと仕事も給料を失っていく。同社では、3日間学ばないともう仕事はなくなる、と言われるほどに、成長至上主義が浸透している。3つめの理由は、残業代の制限がない点である。特に若い社員は、給与を増やすために残業を増やす傾向にある。しかし、形だけの残業をしていても、年に数回ある業績評価面接で審査され、成果があがっていなければ報酬は下げられてしまう。だから、社員たちの成長に対するモチベーションは高い。勉強をしたいと思えば、家で独学するのではなく、会社に残って周囲の同僚をまきこんで学習セミナーを開催し、残業代を獲得しながらスキルアップをしていく。そうして、効率的なスキルアップと、横のつながりを広げるネットワーク構築が進んでいき、仕事の生産性向上を導く好循環が生まれている。そして、4つめには、創業者である馬雲（ジャック・マー）氏の強烈な求心力がある。大学の英語教員から、わずか20年でアリババという巨大帝国をつくりあげた同氏は、創業から100年後の2099年までに、すべての理想を実現し、中国社会を世界で一番の理想的な社会に創り変える、と宣言している。その信念を信じる社員たちにとって、アリババで働くことは、「仕事」以上の価値を持つ、「理想の実現への挑戦」であり、だからこそ尋常ならざる情熱を注ぐことができている。

　アリババは、社員食堂を見てみてもユニークだ。本社の9号棟の1・2・5・8階が食堂になっており、5階だけでも、アメフトの競技場の面積に等しい4,700㎡もの大きさだという。ここで4,000名以上の社員が食事をとることになるが、以前はランチタイムになると長い行列ができ、10分以上待つことが当たり前だったという。これを解決するために、社員たちは自主的に食堂管理システムの見直しを図った。そうして創り出されたのが、画面からメニューを選択し、顔認証でAlipay決済を行うことができるシステムである。これは決済の効率化に加え、データ

収集による食堂メニューの改善や、個人の栄養バランスと摂取カロリーの表示など、社員の健康管理にも役立てられている。大勢の残業する社員のために、事前に注文しておくことで食事を保温箱に入れておいてもらうことができ、各自のスマートフォンに送られる暗証番号で保温箱のロックを解除すれば、夕食や夜食としても利用できるようになっている。ユニークで、自主的で、シンプルに「より便利に、より効率的に」を追求できる組織であることがわかる。

革新を生み出せるようになるために、日本企業を構成するヒトと組織は変わらなければならない。その点に関しては、異論なく、納得してもらえたことだろう。日本にはすでに、現在進行形で変わろうとしているプレーヤーが、少しずつ現れてきている。本書の締めくくりにあたる第8章と第9章では、変化と革新を求め、試行錯誤に挑戦するヒトと組織の姿を紹介しながら、日本のビジネスパーソンがどう変わればいいのか、9つの問題提起をしていこう。

註

1 ── 日本経済新聞「「VUCA」時代、リーダーに重要な4つの言葉」。(https://www.nikkei.com/article/DGXKZO11343490V00C17A1X12000/)

2 ── クリステンセン(2001；2003)、鷲田(2015)、村元・永井(2018)、DIAMOND online「日本のものづくりの未来〈3〉 これからは「グローバル能力構築競争」の時代」、およびコベルコシステム株式会社「ものづくりコラム イノベーションとものコトづくり」を参照。クレイトン・クリステンセン(2001)『イノベーションのジレンマ』翔泳社。クレイトン・クリステンセン、マイケル・レイナー(2003)『イノベーションへの解』翔泳社。鷲田祐一(2015)『イノベーションの誤解』日本経済新聞出版社。村元康・永井竜之介(2018)『メガ・ベンチャーズ・イノベーション』千倉書房。(https://diamond.jp/management/articles/-/69)、(https://www.kobelcosys.co.jp/column/monozukuri/347/)

3 ── DIAMOND online「パナソニックが主要4領域で大幅減益、津賀改革は「激動の第二幕」へ」、日本経済新聞「モノ作らぬメーカーに パナソニック・津賀社

長の危機感」を参照。(https://diamond.jp/articles/-/201842)、(https://www.nikkei.com/article/DGXMZO41132670Z00C19A2EA1000/)

4 ── 日本経済新聞「モノ作らぬメーカーに　パナソニック・津賀社長の危機感」より引用。(https://www.nikkei.com/article/DGXMZO41132670Z00C19A2EA1000/)

5 ── 日本経済新聞「モノ作らぬメーカーに　パナソニック・津賀社長の危機感」より引用。(https://www.nikkei.com/article/DGXMZO41132670Z00C19A2EA1000/)

6 ── BUSINESS INSIDER JAPAN「トップ交代から始まるソニーの危機感とは──"冬の時代"を越えて最高益へ」、SankeiBiz「【ソニー社長交代】危機感バネに"完全復活"なるか」を参照。(https://www.businessinsider.jp/post-161456)、(https://www.sankeibiz.jp/business/news/180202/bsg1802022207003-n1.htm)

7 ── 東洋経済オンライン「トヨタ、売上高30兆円超でも恐れる「敵」の正体」、PRESIDENT Online「"生きるか、死ぬか"トヨタの危機感の正体」を参照。(https://toyokeizai.net/articles/-/281246)、(https://president.jp/articles/-/25420)

8 ── PRESIDENT Online「"生きるか、死ぬか"トヨタの危機感の正体」より引用。(https://president.jp/articles/-/25420)

9 ── PRESIDENT Online「"生きるか、死ぬか"トヨタの危機感の正体」より引用。(https://president.jp/articles/-/25420)

10 ── Tellis et al. (2009) を参照。Tellis, Gerard J., Jaideep C. Prabhu, and Rajesh K. Chandy (2009) "Radical Innovation Across Nations: The Preeminence of Corporate Culture," *Journal of Marketing*, 73 (1), 3-23.

11 ── Giles (2018)、Forbes JAPAN「シリコンバレーから学ぶ、ラディカルイノベーションの秘密」を参照。
　　Giles, Sunnie (2018) *"The New Science of Radical Innovation: The Six Competencies Leaders Need to Win in a Complex World,"* BenBella Books. (https://forbesjapan.com/articles/detail/20892#)

12 ── 中華IT最新事情「アリババの社員はなぜ毎日喜んで残業するのか」、「企業文化が表れる中国IT企業の「社食」」、およびNEWS PICKS「【実録】アップルCEOも手玉に取る、中国ユニコーンの5大起業家」を参照。(http://tamakino.hatenablog.com/entry/2018/04/09/080000)、(http://tamakino.hatenablog.com/?page=1542754800)、(https://newspicks.com/news/3270713/body/)

13 ── NEWS PICKS「【実録】アップルCEOも手玉に取る、中国ユニコーンの5大起業家」より引用。(https://newspicks.com/news/3270713/body/)

Chapter **8** **Mind changes**

現状打開の
マインド・チェンジ

　イノベーションを創り出すために、最も重要な資源は、ヒトである。戦略を代えても、組織を変えても、実行者であるビジネスパーソンひとりひとりが変わらなければ、十分な成果をあげることはできない。イノベーション創出のため、と言ってしまうと大変な大事に思え、身構えてしまう読者が多いことだろう。ここでは、より身近に、自分事として考えやすいよう、言い方を変えておきたい。

　日々の仕事に向き合う際、いくつかの考え方を変化させることで、より良く、より面白く働くことができるようになる。仕事のプロセスを楽しめるように工夫することで、ヒトはよりクリエイティブな成果を創りあげられる。日常の、目の前の仕事にのぞむ考え方を少しずつ変えることが、ゆくゆくは、積み重なって、企業単位のイノベーション創出を導く。だからこそ、業種や企業規模にかかわらず、部署や年次にもかかわらず、個々がビジネスパーソンとしてのマインドを少しずつ新しく変えていく努力には、大きな意義がある。スキルは外から習得できるが、マインドは内から自身で変えなければ効果的ではない。「Personal Innovativeness（個人の革新性）」は、大げさで難解なことではなく、日常の些細な変化から高めていくことができる。

実際のところ、具体的な解決手段はヒトの数だけ、組織の数だけ、ビジネスの数だけ、ある。しかし、問題提起そのものは、一般化することができる。それぞれの現状打開に役立ててもらうために、多くのビジネスパーソンが向き合うべきマインド・チェンジの課題について、提示していこう。

1 ▸ 自分事化できるか否か

　日々の業務を、自分事化できているだろうか。自身の仕事は企業にとって短期的あるいは中長期的にどんな意味があるのか、自らの仕事の成否は企業の成長や失速に対してどの程度の影響を与えることになるのか、などについて考える習慣はあるだろうか。パズルを組み上げるように、どこかゲーム感覚で、淡々と日々の業務ノルマを、ルーティーンとして消化していくだけになってしまってはいないだろうか。

　一般的に、大企業ではジョブ・ローテーション制のもと、部署や業務内容が3年、5年といった周期で変わり続ける。企業規模が大きいほどに、社員は自身がいま所属する部署の、自らが担当する業務だけを見るようになりやすい。視野が狭まり、自身の業務とかかわりがなければ、自社の新商品の発売さえ知らずに、店頭で初めて目の当たりにするような状況は珍しくない。また、ベンチャー企業（Start-ups）では、転職を重ねるキャリア・アップを前提に働いているケースが多く、いまの企業でのプロジェクトが成功すればよし、失敗したとしても所属先を変えればよし、と割り切りがちである。企業と心中するような思いはなく、良くも悪くも、自身の成長のために企業を使う感覚を持っている。

こうした働き方には良い面も悪い面もあるが、仕事をもっと自分事化することで、仕事の効率と生産性を大きく向上させることができる。責任転嫁を考えながらやらされている仕事と、背筋の凍るようなプレッシャーを感じながらも主体的に取り組む仕事では、忙しさから感じる苦しみも、やりがいも、楽しさも、大きく異なる。例えば、映画の宣伝活動をする俳優を思い浮かべてみてほしい。彼らの多くは、自身は演技をするのが本業であって、ワイドショーやバラエティ番組での宣伝活動は仕方なく、不慣れで当然でしょう、という顔で対応してしまう。そこには、映画をつくり、広めるチームの一員としての、自分事化の意識が欠けている。自身は俳優だという縦割り意識や、この映画がヒットしようがしまいが次の作品が待っているという他人事感覚が透けて見える。それでは、十分な宣伝効果は得られない。

　企業を成長させる、より良くする、という意識は、マネジメント層だけが持てばいいものではない。現場は目の前のことにだけ集中していれば良い、わけではない。部署それぞれに、自身のプロとしての役割を認識し、日々の業務を自分事化して考える必要がある。企業を成長させる役目は、直接的に売上という数字をつくる営業やマーケティングだけの特権ではない。研究開発であれば、企業のポテンシャルを高めて中長期的な成長源を生み出していけるし、コールセンターであれば、窓口として企業のブランド・イメージを担ってリピーターづくりに貢献できる。日々の業務を自分事として捉え、企業成長における役割を自覚することで、様々なやりがいを見出せるようになる。

　仕事の自分事化に有効な取り組みとして、注目を集めているものが副業である。株式会社エンファクトリーでは、人材理念として「専業禁止!!～生きる力、活きる力を身に付ける～」を掲げ、「パラレルワーク」という副業制度を採用している[1]。同社は、Webサービスに関するマー

ケティング支援を主な事業としているが、社員のパラレルワークは犬用の洋服・グッズの製造販売など幅広く、社員個々の副業による売上の合算は1億円を超えるという。同社では、収入の複線化だけでなく、社員自らが、自らの判断に基づき、自らの責任で、独力でビジネスに取り組む機会づくりとして副業を推奨している。その結果、社員は副業を通じて、プロ意識やマネジメント能力を向上させ、また人脈や情報ネットワークを拡大させ、社内での本業の革新に役立てている。

　2018年を副業元年として、働き方改革に着手する企業はどんどんと増えてきている。原則副業禁止から、原則副業自由へと変わり、ソフトバンクやリクルート、花王、ユニ・チャーム、日産自動車など、多くの企業が社員の副業を認めている。株式会社ディー・エヌ・エーでは、社員全員が100%の力を発揮できる環境を目指し、社員が熱意をもって働ける環境づくりを進める人事プロジェクト「フルスイング」を2017年10月から始め、そのなかで副業制度を推進している[2]。例えば、本業ではゲーム事業のマーケティングを担当している社員が、副業ではファッションに関するベンチャー企業のコンサルティング業務を行っている。副業を通じて、スキルアップとともに自身の世界を広げ、今後のキャリアを自身で考える機会としても役立てている。ソフトウェア開発を手掛けるサイボウズ株式会社では、副業を解禁することで社員の離職率が大幅に低下した[3]。また、他に本業を持っている社員を「複業採用」として週1、2日だけ勤務してもらう制度を設けることで、外資系企業などに勤める、高いスキルを持つビジネスパーソンを自社の戦力として活用している。

　独力でビジネスを考え、興し、広める。あるいは、新たな領域で、自身のスキルを応用・発展させて結果を出す。副業はこうした経験値を得る貴重な機会となり、スキルアップと意識改革を導き、本業における新

規事業開発やマーケティング活動の生産性と創造性を向上させる効果が期待できる。本業を保険としながら、副業ではよりチャレンジングな取り組みに向き合い、その経験値を本業にフィードバックするという、メリットの循環を生み出すことができる。

　いきなり副業に踏み切ることに躊躇するならば、お試しから始めてみてもいい。株式会社リクルートキャリアが運営する「サンカク」では、本業の仕事を続けながら、関心のある企業やテーマを体感する「社会人のインターンシップ」や、地域やテーマを絞った「スポットディスカッション」に参加することで、本業とは異なる仕事に触れることができる[4]。

　さらにハードルを下げれば、多くの10代・20代が学生時代から日常的に行っている、メルカリで洋服や漫画などを売る行為からも、同様の効果を引き出すことができる。市場価値の高い商品探し、商品をより魅力的に伝えられる写真の撮り方や文章の書き方、潜在顧客が探しやすいタグ・キーワード設定といった情報発信、買いたくなるぎりぎりのラインを読んだ価格設定と価格交渉、顧客から高評価を得られるようなメッセージ交換のコミュニケーション、そしてフォロワーとしてリピーター化させるための商品構成と更新頻度。こうした実践的なマーケティングの経験値を、実利を得ながら蓄積している現代の若者たちは、無自覚にビジネスを自分事化し、自身のマーケティング・インサイトを磨いている。

2 ▶ 面白さを探す、あるいは自ら創る

　自身の仕事の面白さについて語れるだろうか。企業文化や業務内容について、愚痴を言って終わるか、愚痴を言いながらも面白くなるよう工夫ができるか。ビジネスパーソンは2つのタイプに分けられ、前者の割合が圧倒的に多いことは確かである。しかし、面白さを諦めるには、ヒトが一生の間に仕事に対して費やす時間とエネルギーは、あまりに大きい。面白さを見出すことができれば、ヒトは集中力とやりがいを向上させ、創造性をより発揮できるようになる。

　向いていない、合っていない、という言葉は便利だが、多くの場合、適性は一度乗り越えてから初めて有り無しを判断できるものである。「面白さを探す、あるいは自ら創る」というスキルを身に付けることで、自身の適性の幅は格段に広げることができる。「クリエイティブな仕事とクリエイティブでない仕事があるのではない。その仕事をクリエイティブにこなす人とクリエイティブにこなさない人間がいるだけだ。」[5] テレビ番組制作を手掛ける株式会社テレビマンユニオンの初代社長、萩元晴彦氏のこの言葉は、多くのビジネスパーソンの言い訳を封じるものになるだろう。仕事をクリエイティブにできるかどうかは、自身のマインドとスキル、工夫と努力次第である。

　仕事だから仕方がない。そんなことができれば苦労はしない。仕事を楽しむなど、理想論にすぎない。そのように笑われる場面が圧倒的に多い現実を直視したうえで、それでも苦労をして、努力をして、理想の実現に向けて奮闘しているビジネスパーソンが増えてきている。

　有志団体「ONE JAPAN」では、大企業に勤める若手社員たちが集

まり、刺激を与え合い、仕事の面白さを諦めないための活動に精力的に取り組んでいる[6]。同団体は、2016年に、パナソニックの「One Panasonic」、富士ゼロックスの「秘密結社わるだ組」、NTT東日本の「O-DEN」、という3つの有志団体が中心となって発足され、2年後には50社、1,200名のビジネスパーソンがメンバーとなるまでに活性化し、注目を集めている。トヨタ、NHK、ソフトバンクなど、業種を問わず、幅広い企業の若手社員が参加し、働き方の提案と実践、若手社員に関する調査とレポートの発信、新規事業開発、企業内・企業間を横断するプロジェクトの企画と実行、などの活動を通じて、仕事をもっと面白く、クリエイティブにする工夫と努力が、様々な場で始められている。

　富士ゼロックス株式会社の有志団体「秘密結社わるだ組」は、仕事の楽しさや楽しい仕事を探す・創るために、若手社員を中心として2012年に結成された[7]。10年後に会社全体を動かそう、と志し、社内外でのつながりそのものを目的として、精力的に活動している。CSR（Corporate Social Responsibility／企業の社会的責任）について考える場や、営業と開発が本音で語り合う場、自社の役員や海外勤務経験者と話し合う場をつくったり、社外の有志団体と交流するイベントや、一般市民を呼び込む「横浜ガジェット祭り」を開催したり、社内外を巻き込んだ企画の開催は、計150回以上、参加者はのべ3,000人を超える。行動力の源泉となる楽しさと、チャレンジができる緩さ、を重んじるこの団体には、中堅・ベテラン社員も加わり、面白さを増やすための「悪だくみ」が続けられている。自身だけで、ひとりでマインドを変えることに限界を感じたら、仲間をつくり、一緒に変えていけばいい。

　街づくりを志して不動産企業に就職しても、太陽光パネルの営業を任されるかもしれない。モノづくりに憧れてメーカーに入っても、投資部門に配属されるかもしれない。店頭マーケティングを希望して小売企業

に進んだにもかかわらず、物流をメインに考える店舗設計の仕事が待っているのかもしれない。自身が希望した仕事を担当できる確証はない。ビジネスパーソンとしての約40年間、希望した仕事だけを担当し続けられる可能性は、限りなくゼロに近い。ある時点では、向いていないと感じる仕事に直面したとしても、新たに適性を創り、自身の適性の引き出しを増やしていけばいい。様々な仕事の場面で、面白さを探し、面白さを自ら創り出していく。「ビジネスを面白がる」という知的好奇心をどれだけ持てるか、はビジネスパーソンに求められる重要なスキルである。今いる環境ではどうしても面白がれないとしたら、環境を変える選択を早期に検討していい。企業を変えて、また面白がる工夫を続けていこう。

　ビジネスパーソンも、その予備軍である学生も、多くが敬遠する仕事として、筆頭にあがるものが営業である。営業は、向き・不向きで語られやすい仕事でもある。2017年、日本のビジネスパーソンの総数は5,460万人で、そのうち862万人が営業として働いた[8]。800万人以上が従事できている、という意味では容易な仕事に思えるが、属人的なスキルに大きく依存し、ごく一握りの少数だけがトップ・セールスになれる実態を踏まえると、営業は極めて難しい仕事である。

　好き・嫌いや向き・不向きにかかわらず、大勢のビジネスパーソンが営業という仕事に従事することになる。営業という仕事は避けられない事実を踏まえれば、逃げられないのだから、面白さを探すか、創るか、工夫と努力をすべきである。営業という仕事を、昔ながらの、体力と根性がすべてを決める御用聞き営業や便利屋営業とだけ認識していたら、そこに面白さを見出すことは困難だろう。そうではなく、営業とはセールス機能に加え、相手のニーズを探し出すリサーチャー機能と、ニーズ実現に向けた道筋を形つくるプランナー機能を併せ持ち、対価の取れる

ソリューション型営業を実行していく主体であると考えれば、面白さとやりがいを見出しやすくなるはずだ[9)]。マインドを変えれば、営業は、創造性豊かで、クリエイティブな、相手のニーズを実現させる、マーケターの仕事となる。営業は、「学歴もキャリアもコネもいらない、普通の人が成功できる職業」[10)]と考えられる。

　仕事を天職だと思うことを、特別視しすぎなくて良い。モノづくりの職人のような唯一無二の天職ではなく、そのときどきに、小さな天職をいくつも見つけていける、創っていける、楽観的なマインドを持ち合わせておきたい。市場とテクノロジーが激変を続ける、これからの環境において、「現在の小さな天職」を手にしながら変化を受け入れ、「次の小さな天職」を見つけていく生き方は、多くのビジネスパーソンにとって他人事ではないはずだ。

3 「失敗」の認識を変える

　失敗に対して、過度に憶病になっていないだろうか。マインド・チェンジのなかで、特に大きな課題としてあげられるものが、「失敗」の認識である。日本人に共通する傾向として、失敗を恐れ、失敗しないことを良しとする点があげられる。失敗は恥で、優秀な人は失敗しない、とする価値観に支配されている。40点と100点を交互に取るよりも、コンスタントに70点を取ることが良しとされる。「最近いつ失敗しましたか」と聞かれれば、優秀なビジネスパーソンほど「失敗していない」と胸を張るに違いない。なぜ日本人が失敗に対してあまりに臆病なのかを考えると、教育と評価制度において、失敗を悪としてだけ扱ってきた事

実が病巣として浮かび上がる。

　学生時代を失敗しないように教わる教育で育ち、企業に入ってからは失敗で減点される評価制度のもとで働いてきたのだから、多くのビジネスパーソンが失敗を極度に避けるようになっていて当然である。企業によっては、一度の大きな失敗が取り返しのつかない低評価を招き、キャリア・アップの道を断たれるような環境すらある。

　失敗しないことが得意な学生たちは、そのままの価値観では、多産多死のベンチャー業界にジョインしようと積極的に考えられるわけがない。中小企業・大企業のビジネスパーソンは、失敗する確率の高い、新奇性の高いビジネスに挑戦しろと言われても、それでも失敗しないことを最優先に考えてしまう。良いプロダクト、面白いプロダクトかどうか、ではなく、クレームの出ないプロダクトかどうか、の議論に終始し、病的なまでのリスク回避志向に陥り、失敗の責任のなすりつけばかりを上達させていく。その結果、イノベーション創出は日本から遠のいていってしまった。

　失敗の認識は、ベンチャー起業の人材難、ベンチャー業界の未活性、中小・大企業における革新性の高い新規事業の不発、などを招き、負のマインドの根底をなしている。現状のまま、日本のビジネスパーソンが失敗を恐れ、失敗をネガティブなものとだけ捉えていくとしたら、米中のメガ・ベンチャー群に勝つことは到底できない。アメリカは、挑戦と失敗を行動力として評価し、再挑戦を奨励する。シリコンバレーで、同レベルのキャリアの2名が類似したビジネスプランを投資家にプレゼンする際、片方は失敗なし、もう片方は失敗経験を語れる場合、失敗経験のある者の方が対応力に優れると評価され、投資を獲得しやすい[11]。一方、中国は、失敗を恐れずに立案と行動を直結させ、ハイスピードな挑戦を続けてきた。両者に共通するのは、立ち止まらずに、革新を求め

てチャレンジを続け、未来への種蒔きに力を注いでいる点である。

　この議論は、米中に限定せず、日本国内と海外、と切り分けてもいい。ある年度のカンヌ国際広告祭で、コロンビア人の審査員長が重視した審査基準は、広告が「ブレイブ（勇敢）かどうか」だったという[12]。ここでの「勇敢さ」とは、ただ無謀に、無鉄砲に、前例や通例を破ることを意味しているわけではない。新しさが価値あるものかどうか、クリエイターが恐怖や不安に葛藤し、自問自答と試行錯誤を繰り返し、そのうえで新しい一歩を踏み出す勇気を持っているかどうか、である。才能や精神論ではなく、仕事に向き合う姿勢として、「スマート・ブレイブ」であるかどうか、が広告の評価を決めた。このスマート・ブレイブを、ビジネスにおける意思決定基準として持てているビジネスパーソンが、そして、社員にスマート・ブレイブであることを推奨できる組織が、日本にどれだけ存在するだろうか。

　優れた人材は自らの能力に懐疑的になり、対照的に、能力の低い人材は自身が優れていると錯覚しやすい傾向は、「ダニング＝クルーガー効果」と呼ばれる[13]。根拠のない自信を持ち、考えなしに、とにかく手を出してみることが勇敢さではない。失敗しても、何をしてもいいんだ、と愚かに突進すべきではない。リスクや不安定さに怖さを感じながらも、勇気を奮い立たせ、行動できることが理想的な状態である。失敗のリスクやダメージを想定し、それでも必要な痛みだと覚悟を決め、挑戦していく勇敢さが求められる。

　美団点評社は、アメリカのGroupon（グルーポン）社を模倣した共同購入サービスから始まり、現在ではフードデリバリー事業を軸に、アプリ1つでレストラン・旅行の予約、映画チケット購入などを幅広い生活関連サービスを手掛ける[14]。2018年9月に香港証券取引所へ上場を果たし、時価総額は5兆7,000億円にのぼる。創業から10年余りで、三菱商

事に匹敵する時価総額を有する、中国メガ・ベンチャーである。同社の共同創業者である王慧文氏は、安易な新規事業へのチャレンジはすべきでない、と苦言を呈している[15]。成熟期に入った中国インターネット産業では、成長期以上に、自社ビジネスの弱みやリスクについてよく検討する必要があり、何でもできる、とにかく試せ、などと考えるべきではない、と忠告している。規格外の速度で大躍進を果たしている、イケイケどんどん、に見える中国メガ・ベンチャーであっても、無謀ではなく、スマート・ブレイブを見極めているからこそ、急成長を実現させている。

　頭ごなしに失敗を恐れているだけでは、挑戦は大きく制限される。失敗して初めて、失敗原因を分析し、次の挑戦の成功確率を高めるための検討機会が得られる。事務用品大手の株式会社キングジムでは、「打率1割でいいから、ホームランを狙え」という製品開発姿勢をトップダウンで社員に共有し、「熱烈な賛成が10人に1人いればGO」という基準で挑戦に取り組んでいる[16]。9割の失敗は、なぜ失敗をしたのか入念にリサーチを行い、すぐに次の打席に入っていける環境が整えられている。

　株式会社野村総合研究所には、「Arumon（あるもん）」という有志団体がつくられ、若手社員が思い切ってチャレンジでき、失敗できる場所がある[17]。当初は、放課後の部活動や大学のサークルといった感覚で、業務後にぱらぱらと人が集まり、若手社員がアイデアを練ってビジネス化を検討する、本気の遊び場としてスタートした。活動の背景には、リスクを取ってでも何かスタートさせなければ、新しい挑戦をしていかなければ、会社の永続的な成長・発展はない、という若手社員たちの抱く健全な危機感があった。この思いが上層部に届き、若手15名ほどの活動は企業公認の団体となり、予算と「部室」が設けられ、業務の10%

はこの活動に従事していいという全社ルールが整備されるまでになった。

　子供は失敗を繰り返して学び、成長する。当然、最初はうまく食べられない。それでも失敗を繰り返しながら、スプーン、フォーク、はしの使い方を覚え、きれいな食べ方を習得していく。AI（Artificial Intelligence）も、失敗を繰り返して学び、飛躍的に成長を遂げる。2015年創業のアメリカのOsaro（オサロ）社は、産業用ロボットの制御ソフト開発に深層強化学習というAIのアルゴリズムを用いて、短時間に、飛躍的な技能向上を実現させている[18]。例えば、弁当に入れる唐揚げは1つ1つ、大きさも形も微妙に異なる。こうした不揃いな物体を掴んで、指定の場所に詰める作業は、人力に頼らざるを得なかった。しかし、同社の制御ソフトは失敗を繰り返しながら、特徴を理解し、ロボットによる代替を可能としている。

　大人になるということは、失敗をしてはいけなくなる、ということでは決してない。そして、挑戦には必ず失敗が伴う。挑戦に付随する失敗が招くリスクとダメージについて想定し、覚悟したうえで、勇敢さをもって挑戦できなければ、日本のビジネスパーソンから、日本企業からイノベーションを生み出すことはできない。失敗をポジティブな材料として捉えるマインドがなければ、日本のビジネスパーソンの挑戦が盛んになる未来はありえない。失敗慣れをするというよりも、失敗のダメージを乗り越えられるタフさを身に付けることを目指したい。

　ネガティブ一辺倒だったものを、いきなりポジティブに変えることが難しければ、失敗はゼロと位置付ければいい。スピードを意識して、挑戦を繰り返し、失敗したならば0点、成功すれば加点、というマインドに切り替えていくべきである[19]。そのマインドが浸透した環境においては、挑戦しないことこそが減点対象となる。

4 ▸ 夢をロジカルに語る力

　自らの夢を、実現に向けたロジックとともに語ることはできるだろうか。そもそも、夢と呼べる何かを持っているだろうか。夢をロジカルに語る力は、夢見がち、とは大きく異なる。できもしないこと、実際にはやろうとしていないことを口にする夢見がちではなく、夢を持ったうえで、実現させるまでのプロセスにおけるトライ・アンド・エラーを見据え、実現への道筋を考え、言葉にして表現できる力を持てているだろうか。

　日本の多くのビジネスパーソンが、そして経営者までもが、昔よりも、夢をロジカルに語る力を失ってきている[20]。縦割りの事業部制のキャリアを経たことで、自身が足跡を残した部署のバックグラウンドしか持っていないことに引け目を覚え、企業全体のことを語りたがらない経営者が目立つ。あるいは、自身は数年間だけトップを任されているにすぎず、その先の未来のことまでを語る立場にはないと、本心では考えているためかもしれない。

　日本電産株式会社の会長の永守重信氏は、自身と株式会社ファーストリテイリング会長兼社長の柳井正氏、ソフトバンクグループ株式会社会長兼社長の孫正義氏を合わせて、「大ぼら三兄弟」と呼ぶ。三者は共通して、一見、大ぼらに聞こえるほどに、途方もなく大きな夢を掲げるからだ。しかし、実現不可能なほら話で終わっていないことは、達成してきた足跡が証明していることだろう。永守氏は、なかでも孫氏を指して、「彼は本当に明るい。夢を追い続けている。夜中まで考えつくして、夢を追い続けて一生を生きようとしている」[21]と語る。大きなことを、

できそうにないことであっても、実現への道筋をつくることで、自らの活力が生まれる。その夢を魅力的に語ることで、周囲のヒトは説得されて後についてくる。自身の成長と飛躍のためにも、ヒトを集め資金を集めて企業を成長させるためにも、夢をロジカルに語る力は重要となる。

　中国の大学生に対して「将来の夢はあるか」と聞いたときに、「社長になること」という答えが返ってくるのは、もはや珍しいことではない。彼らは、大学の英語教員だった馬雲（ジャック・マー）がアリババ（阿里巴巴集団）を築き上げた事実をよく知っている。血筋や裕福さにかかわらず、独力で成り上がった先行事例を、リアルタイムでいくつも見てきている。だからこそ、第二、第三の馬雲を目指し、欧米の大学へ留学し、貪欲に学び、人脈をつくり、力を蓄えて中国へ戻り、起業していく。

　上に立つ者だけでなく、ひとりひとりが夢を語れるビジネスパーソンであるべきだ。なぜなら、夢があることで、その実現に向けて、自身が何者であるか、何者になりたいかを考えられるようになる。アメリカ最大の学園都市であるボストンには、2012年に西岡津世志氏が開業したラーメン店「Yume Wo Katare」がある[22]。同店の特徴は、1つが二郎系の山盛りラーメンを提供していること。もう1つは、ラーメン完食後に、店内で夢を語る機会が選択できることである。順番が来た客は、店内のほかの客たちに向かって、「I have a dream. I want to...」と夢を語りかける。そして、夢を聞いた客からは応援の声や質問が投げかけられる空間が生まれる。同店には、ラーメン代金を託して、夢を語りたい若者の支払にあててもらう「ポジティブ・サイクル」という仕組みや、ボランティアスタッフとして働くと自身だけでなく家族や友人まで無料で食べて夢を語れるまかない制度があり、夢を語ってもらうための空間づくりが徹底されている。同店は、売上目標は掲げず、語ってもらう夢の

数を経営目標としている。2016年の経営目標を夢20,000個とし、実際には23,050個の夢が語られ、年商45万ドル、純利益15万ドルを達成した。2012年の開業以来、赤字は一度も経験していない。真冬の極寒のボストンであっても、ハーバード大学やMIT（マサチューセッツ工科大学）の学生たちが行列をつくる。彼らは、恐れず、恥じず、胸を張って、自身の夢を面白く語ることができる。例えば、早稲田大学の周辺はラーメン激戦区としても有名だが、このYume Wo Katareが出店したとしたら、日本の学生たちは足しげく通えるだろうか。

　夢を語れない、語り慣れていない、ということは、自身が何者かを意識する習慣がないと言い換えられる。それは、自己実現欲求や挑戦欲求に乏しく、目標の設計・実現能力に欠けていることに他ならない。東日本旅客鉄道株式会社にある有志団体「チーム・ファンタジスタ」は、「遊ぶように働き、働くように遊ぶが、当たり前になる社会をつくること」をモットーとして、様々な部署に所属するメンバーが、無数のアイデア提案を、テストケース化、事業化まで結びつけている[23]。彼らが活動の際に最も重要視しているのは、「自身が何者か」を言語化することだという。自身は何者で、なぜ、何を、どのようにやりたいのか、を明確化することによって、アイデアのブレをなくし、説得力を高め、新たな価値を実現させていっている。

　自身は何者で、どこを目指すのか。この目標の設計と実現に向けたマインドは、スポーツの場面であれば、多くのヒトが持てていることではないだろうか。マラソン・ブームにのっているヒトならば、タイムを縮めるように目標を立てるはずである。ハーフマラソンから、フルマラソンの完走、4時間を切るサブ4、3時間を切るサブ3。トライアスロンへと手を伸ばし、ゆくゆくは国内外でのアイアンマン・レースまで見据えていく者もいる。まったく運動をしないヒトが、ただ「アイアンマン・

レース」を完走したいと口にしたら、それは夢見がちなだけだろう。スイム3.8km、バイク180km、そしてラン42.195kmの道のりをノンストップで駆け抜けるアイアンマン・レースは、夢見がちでは到達できない。ステップアップを組み立て、トレーニング・プランを考えぬき、練習を積み重ねる環境を整えられて初めて、夢として語ることができる。アイアンマン・レースは極端かもしれないが、市民マラソンやテニスの草トーナメントにレベルを落とせば、目標の設計と実現に向けた活動は、特別なことではない。スポーツでは無意識にできているのだから、仕事でも、人生においても、目標設計をし、夢を掲げ、自身が何者かを意識して日々を過ごすことはできるはずである。

　特に2000年代以降、日本では中流志向のもと、皆と同じでいい、と考える傾向が高まってしまった。しかし、それでは周りが走り出したときに、自身ひとりだけが取り残されることになる。世界が走り出したとき、日本だけが取り残されてしまうことになる。今まさに、その取り残されつつある状況なのにもかかわらず、危機的現状に気づいてすらいないヒトがあまりに多い。誰もがナンバーワンを志す必要はないかもしれないが、ナンバーワンは諦め、オンリーワンになるための努力を怠っていたら、何者にもなれない。少なくとも、以前の自身よりもベターになり続けるために努力しようとする思いは、すべてのヒトに必要なマインドである。

　自身が何者であるか、何者になりたいか、を考えるにあたって、自身の現状のスキルやビジネス成果について、企業の力と個人の力を混同しないように気をつける必要がある。自身のスキルやキャリアは、どこまでが個人としてのスキルの産物なのか、どこからが企業のブランド力、製品力、ネットワークや実績によるものなのか、を見極めておかなければならない。「秘密結社　鷹の爪」などのコンテンツ・ビジネスで成長

を遂げた株式会社ディー・エル・イーの社長の椎木隆太氏は、ソニーに新卒で入社し、2年目にシンガポール駐在、5年目にはベトナムで支社長を務め、帰国後はアニメ関連の部署で活躍した[24]。ソニーで達成してきた実績と磨いたスキルに自信をつけ、アニメをはじめとしたエンターテインメントを世界に広げていくビジネスを志し、起業する。しかし、出版社やゲーム会社と組んで合弁会社をつくり、全財産をつぎ込んだ、海外に日本の漫画を普及させようとするビジネルは大失敗に終わり、その後3年間、権利ビジネスで急場をしのぐ日々が続いた。この失敗について、ソニーという企業の力と、自身個人のスキルを見誤っていたことが要因だったと後に振り返っている。

　企業名や肩書を外したときに、それでも自身に身体化されている何か、を見極めたうえで、ビジネスパーソンは1つの成功、1つの失敗、を積み重ね、ロジカルに語れる夢の実現に向けて、チャレンジを続けていくことになる。自身の夢について、社内で同じ方向の夢を語り合う場があれば、勇気を共有できる。社外で、プライベートで、異なる方向の夢を語り合う場があれば、多様な刺激を与え合える。異なる職業の友人同士、例えば、メーカーのマーケティング担当と、商社マン、不動産屋、医者、研究者などが夢を語り合えば、多様性から多くの刺激が生み出される。そうした場で刺激を受け、良い意味で自身の殻に傷を負うと、その傷が超回復するときに自らを成長させることができ、さらに先の夢を見つけることができるようになる。

5 ▶ ボーン・グローバルの自覚

　世界の中での自身の立ち位置を意識することはあるだろうか。「世界で働く」、「世界と働く」感覚を持っているだろうか。アメリカは、旅行で訪れるだけの観光地ではない。中国は、日本の偏ったバラエティ番組で茶化されるような国では、もはやない。米中は世界の二強であり、グローバル・ビジネスのメイン舞台として、日本企業のビジネスにとって切っても切り離せない関係にある。にもかかわらず、GAFA（Google（グーグル）・Amazon（アマゾン）・Facebook（フェイスブック）・Apple（アップル））やBATH（バイドゥ（百度）・アリババ（阿里巴巴集団）・テンセント（腾讯）・ファーウェイ（華為技術））すら知らない日本のビジネスパーソンが大勢いるという事実は、自身を世界から切り離し、鎖国時代の価値観にタイムスリップしてしまっているかのようだ。

　数年後には、米中があなたの勤務地になっているかもしれない。現在勤めている日本企業は、数カ月後には、中国企業に買収されるかもしれない。明日にも、取引先や同僚として、海外のビジネスパーソンと働く機会が生じるかもしれない。この時代、そしてこれからの時代を、ビジネスパーソンとして生きていくうえで、自身の現在地を世界と地続きに考える、ボーン・グローバルのマインドを備えておくべきである。

　創業と同時に、あるいは2、3年以内などの早い段階でグローバル市場をターゲットにしていく企業は、ボーン・グローバル企業と呼ばれる[25]。ボーン・グローバル企業は、国の人口が少なく、国内市場が小さいために、グローバル戦略を念頭に置かなければ成長を見込めない環境で生まれやすく、デンマークやノルウェー、スウェーデン、フィンラ

ンドといった北欧の企業が代表的である。フィンランドで1999年に創業されたCRF Health社は、創業からわずか3カ月後には北米市場開拓のためにアメリカ・オフィスを開設した[26]。7年後の2006年時点で、経営陣8名のうち、創業者2名を除く6名がフィンランド国外の者で、売上の60％以上を北米市場、残りの多くをドイツ語圏のヨーロッパ市場が占め、フィンランド国内の割合はわずかだった。まさしくボーン・グローバル企業である。

人口が2,500万人弱のオーストラリアや、500万人弱のニュージーランドからもボーン・グローバル企業が生まれていっている[27]。オーストラリアでは、2015年に政府が「全国イノベーション・科学アジェンダ」を発表し、4年間で約1,000億円を拠出し、ベンチャー起業とイノベーション創出を推し進めている。主要都市のシドニーはベンチャーの集積地となっており、2,000社にのぼるテック系ベンチャーが存在する。2002年に創業されたATLASSIAN（アトラシアン）社は、プロジェクト管理やコミュニケーションツールなどの法人向けソフトウェア開発を手掛ける、オーストラリアを代表するユニコーンだった（2015年にナスダック上場）。同社のツールは、Tesla（テスラ）やAirbnb（エアービーアンドビー）、BMW、NASAなど世界で10万社以上に採用され、顧客定着率は98％を誇る[28]。

ニュージーランドは、世界銀行が発表する「ビジネス環境ランキング（Doing Business）」で2017、2018、2019年と3年連続で世界第1位を獲得している国である[29]。ちなみに、2019年版の第2位はシンガポール、第3位はデンマークで、アメリカは第8位、日本は第39位、中国は第46位となっている。ニュージーランドは起業がしやすく、法人設立の手続きはすべてオンラインで可能となっており、半日で創業できる環境が整えられている。首都のウェリントンには、900社のテック系ベン

チャーが集まる。2006年に創業され、宇宙ロケット打ち上げに成功したRocket Lab（ロケット・ラボ）社が、ユニコーンとして有名である。現在ではアメリカのカリフォルニア州に本社を構える同社は、2018年11月に、ニュージーランドからの小型ロケット「エレクトロン」の打ち上げに成功した[30]。「It's Business Time」と名付けられたこの打ち上げ成功によって、同社は小型ロケットの商業打ち上げの分野でトップランナーに躍り出た。Space Exploration Technologies（スペースX）社の「Falcon 9」の打ち上げ費用が約5,000万ドルと言われているのに対し、ロケット・ラボ社のエレクトロンは、小型ながら、1／10の約570万ドルでの打ち上げを実現させた。これによって、低コストで高頻度にロケットを打ち上げられる目途が立ったことになる。同社CEO（Chief Executive Officer／最高経営責任者）のPeter Beck氏は、国際宅配便「FedEx」の宇宙版を目指していると語り、2019年には計16回の打ち上げが予定されている。ニュージーランドで無人飛行機や無人自動車の開発を手掛けるベンチャー企業、ASG Technologies（ASGテクノロジーズ）社CEOのMike Marr氏が、「最初から世界市場を意識し、素早さ（Agility）を持って行動しないと、われわれは生きていけない」[31]と語るように、ニュージーランドではボーン・グローバル企業は決して珍しい存在ではない。

　同様に、人口が5,000万人規模で国内市場の小さい韓国には、ボーン・グローバル企業が誕生しやすい。一方、少なく見積もっても14億人以上の超巨大な国内市場が存在する中国では、ボーン・グローバルである必然性が低い。なぜなら、中国企業は国内市場に専念して国内トップのシェアを獲得できれば、規模のうえでは世界トップになれるからだ。中国メガ・ベンチャー筆頭のアリババやテンセントを見てみても、事業のメインターゲットは国内市場に定められている。しかし、中国からもボーン・グローバル企業は生まれてきている。

DJI（大疆創新科技有限公司）社は、2006年に創業された中国ユニコーンで、ドローンの世界シェア8割を握るボーン・グローバル企業である[32]。同社は、グローバル市場の圧倒的なリーダー企業となっており、世界100カ国以上でドローンを販売し、総売上のうち北米市場、欧州市場、国内を含むアジア市場、からそれぞれ3割ずつ稼ぎ、残り1割を南米・アフリカ市場から得ている。2006年、当時26歳の汪滔氏が、大学院の友人2名とアパートの一室で創業し、当初はフライトコントローラーの販売を手掛けていた。7年後の2013年に、リーズナブルな価格、組み立て済、受け取ってすぐに空撮できる、という3点を強みとした白いボディが特徴的なドローン、「PHANTOM 1」をリリースした。このプロダクトは、アメリカの『Forbes』誌で、iPhoneを除いて最も人を感動させるプロダクトかもしれない、と評され、大ヒットとなった。ドローンの用途は、一般ユーザーやテレビ・映画の空撮に留まらず、農薬散布や栽培管理の農業分野、交通インフラの点検、災害時の救助活動など、用途拡大が続き、市場規模は広がり続けている。DJIは、2018年には1万1,000人以上の社員を抱える巨大ユニコーンに変貌を遂げ、ドローン市場を牽引している。

　日本はというと、ベンチャー企業、中小企業、大企業、いずれにおいても、ボーン・グローバル企業はほとんど存在してこなかった。日本には1億人規模のまとまった国内市場が存在しており、日本企業は国内市場での競争に専念していても、ある程度の売上が見込める環境に身を置いている。同時に、1億人という市場規模は中途半端なものでもあり、成長するにつれて企業にとって物足りなくなっていく。そのため、まずは国内市場に専念し、国内で盤石なポジションを築いた後に、国内で稼いだ資金を元手に、海外ビジネスに手を出すというパターンが一般的となっている。ただし、本腰を入れた挑戦ではなく副業感覚で、その結

果、赤字を抱えて海外市場から撤退する道のりをたどる場合が多く、国内売上を海外売上が上回っている企業は限定的である。

これまでは、日本に限らず多くの国で、自社が立地する国内市場から始まり、軌道に乗った後にグローバル展開を広げていくという流れが通常の企業戦略だった。それが、前述のようなボーン・グローバル企業の成功例が増加してきたことで、より早く、より広く、成長を追い求められる在り方として、ボーン・グローバル企業は注目を集めている。しかし、旧来型の組織が、一朝一夕にボーン・グローバル企業に生まれ変わることはできない。戦略と組織構造を当てはめても、中で働くビジネスパーソンのマインドがボーン・グローバルになっていなければ有効にはならない。

ビジネスパーソンとして、世界で働いている、世界と働いている、と日々の業務から実感できているヒトは限られるはずである。それでも、自身はたまたま、現在地として日本にいるに過ぎない。日本にいるが、常に世界にも目を向ける。そうして、世界のビジネスを他人事に考えない努力をすべきである。世界のビジネス、世界の人材と競い合っていき、ときに協働していくうえで、このマインドは不可欠なものとなる。

もちろん地域によっても個人によってもタイプは細かく分かれることを承知のうえで、アメリカや中国のメンタリティの大別した傾向を示し、日本のビジネスパーソンに対する問題提起をしておこう。アメリカは、大企業を辞めてベンチャーにジョインしたり、起業したりした場合、「おめでとう！ついに自分のやりたいことを見つけたんだね！」と祝福するメンタリティの国である。対照的に、日本では同様の場合には、「大企業を辞めて、ベンチャーに行って、大丈夫？」と不安視し、ネガティブな行動理由を探しがちである。この違いは、チャレンジ精神の差を如実に表している。日本人は、マニュアルを求め、楽をして正解

を掴みたがる傾向が強い。マニュアルを欲しがるということは、裏を返せば、試行錯誤するリスク、徒労に終わる無駄や失敗を恐れているということだ。失敗を恐れ、恥を恐れ、周囲の人からの評価を気にする傾向が高い。多数派の意見に対して、「いや、私はこう思う」を言えない。こうした日本人らしさの負の側面は、SNS社会の浸透によって加速している。実際には体験して自己評価しなければ分からないにもかかわらず、食事は食べログ、映画はレビューとクチコミありきになってはいないだろうか。

　中国は、見栄と張り合いの文化である。だからこそ、中国人は競争をするし、恥を知っている。中国では、キャッシュレスがごく短期間で普及した。屋台でも、市場でも、キャッシュレスの環境が整備され、当たり前の消費者行動として浸透している。中国人は、シニア層であっても、「できない、知らない」ということを恥じる。家族や友人の間で、あるいはネット上で、話題になっている便利なことや新しいことに対して、自分はできない、知らない、ということを許せない。スマートフォンが使いこなせない、SNSはもちろんアプリなど使えるわけがない、と学習意欲の乏しさに胸を張り、ガラケーを手放せない日本のシニア層と、中国シニア層との差は歴然である。中国人は、TPOやマナーの面で未成熟な点はまだまだあるものの、それも海外経験者の急増によって、ギャップは急速に埋まってきている。中国の若手ビジネスパーソン、特に「95後」と呼ばれる1995年以降に生まれた者たちは、「一人っ子政策」のもと、経済的に豊かになってきた環境で、共働きの両親に加えて祖父母、叔父・叔母、従妹など多くの家族に囲まれて育ってきた。蝶よ花よと、過保護に育てられた世代であり、強すぎる我と、根拠のない自信を持つ傾向が強い。しかし、だからこそ、周囲と足並みを揃えて謙虚であれ、を重要視する日本人と比べ、彼らの意思決定と行動の速度

図8-1 ▶ 5つのマインド・チェンジで現状を打開する

仕事を自分事化する	……「プロ」としての役割を自覚する
面白さを探す、創る	……「小さな天職」をいくつも持つ
失敗の認識を変える	……「スマート・ブレイブ」を持つ
夢をロジカルに語る	……「何者」を目指し、夢を追うか、言語化する
ボーン・グローバル	……「世界で働く」／「世界と働く」意識を持つ

出典：筆者作成。

は断然に速い。

　また、米中はともに、ポテンシャルを過大に、魅力的にアピールすることに長けている。人材としても、企業としても、ビジネスとしても、将来性や可能性を非常に上手く主張する。対して、日本人は実力のとおりにしか見せない。正直すぎるほどに、ポテンシャル分の上乗せをせずに、実直に、誠実にみせることを美徳としてきた。しかし、グローバルな競争は、ポテンシャルの見せ方が重要になってきている。競争ルールの変化に合わせ、実力とともにポテンシャルを巧みに発信できるマインドの変化も持ち合わせておきたい。

　第8章では、ビジネスパーソンが向き合うべき5つのマインド・チェンジの課題について問題提起を行った。問題提起と打開提案についてをまとめたものが、図8-1になる。現状打開に取り組む前提条件として、「理想」という言葉を、諦めるためではなく、実現させていくために、ポジティブに用いる習慣を根づかせておいてほしい。そのうえで、自分事化、面白さ、失敗、夢、ボーン・グローバルという5つのキーワードから、自身の日々の仕事に置き換え、当てはめ、課題解決のきっかけとヒントを見出してもらいたい。より良く、

より面白く、よりクリエイティブに、そして、よりイノベーティブに。ひとりひとりの些細な変化を積み重ねることで、チーム、企業、ゆくゆくは日本の革新を導くことができる。「あなたが、日本を革新させる」と言ってしまうとあまりにオーバーに聞こえるかもしれないが、誰もが、当事者意識を持ってそれぞれの打席に入ることは可能である。

註

1 ── 株式会社エンファクトリー、ホームページを参照。(https://enfactory.co.jp/)
2 ── 山田 (2018) を参照。山田英夫 (2018)『マルチプル・ワーカー 「複業」の時代──働き方の新たな選択肢』三笠書房。
3 ── HR NOTE「DeNAが仕掛ける人事プロジェクト「フルスイング」とは その具体的施策や事例をご紹介！」、@人事「副業解禁が本業の成果につながる？ DeNAが進める、新たな人事戦略」、およびフルスイング「副業をするのはお金じゃなく、成長のため。DeNA 今西陽介が選んだキャリアの育み方」を参照。(https://hcm-jinjer.com/media/contents/b-contents-composition-denafullswing-171221/)、(https://at-jinji.jp/blog/13671/)、(https://fullswing.dena.com/archives/466)
4 ── サンカク、ホームページを参照。(https://sankak.jp/)
5 ── 是枝・樋口 (2016) pp.35-36より引用。是枝裕和・樋口景一 (2016)『公園対談 クリエイティブな仕事はどこにある？』廣済堂出版。
6 ── ONE JAPAN、ホームページを参照。(https://onejapan.jp/)
7 ── ONE JAPAN (2018) を参照。ONE JAPAN (2018)『仕事はもっと楽しくできる 大企業若手50社1200人 会社変革ドキュメンタリー』プレジデント社。
8 ── 総務省統計局「平成28年 労働力調査年報」を参照。(http://www.stat.go.jp/data/roudou/report/2016/index.html)
9 ── 永井 (2010) を参照。永井猛 (2010)『富と知性のマーケティング戦略』五絃舎。
10 ── はたラボ「「営業は学歴もキャリアもコネもいらない、普通の人が成功できる職業」【『成約率98％の秘訣』著者・和田裕美さん インタビュー】」より引用。(https://www.pasonacareer.jp/hatalabo/entry/2015/11/12/173823)
11 ── The SV Startups 100「スタンフォード大学研究員が語る「シリコンバレーのエコシステムと成功者たちの共通項」」を参照。(https://svs100.com/kushida/)
12 ── 是枝・樋口 (2016) を参照。
13 ── Inc.「How Not to Be Stupid, According to a Top Stupidity Researcher」を参照。

（https://www.inc.com/jessica-stillman/top-stupidity-researcher-do-these-5-things-to-be-instantly-smarter.html）

14 ——Forbes JAPAN「アリババ追撃の美団点評が狙う、3.5億人の食のプラットフォーム化」、日本経済新聞「中国・美団点評が香港上場　飲食軸に成長めざす」を参照。（https://forbesjapan.com/articles/detail/23768）、（https://www.nikkei.com/article/DGXMZO35581090Q8A920C1FFE000/）

15 ——36Kr Japan「「美団点評」の共同創業者、安易な新規事業立ち上げに苦言――WISE 2018レポート」を参照。（https://36kr.jp/15886/）

16 ——ASCII.jp「打率1割のホームラン打者!?　ポメラに新色登場」を参照。（http://ascii.jp/elem/000/000/416/416894/）

17 ——ONE JAPAN（2018）を参照。

18 ——日経ビジネス2019年1月14日号「無人化の「世界標準」、握るのは誰？」を参照。

19 ——日経ビジネス2019年2月18日号「失敗は零点でいい。マイナス評価にすべきは挑戦しない人」を参照。

20 ——是枝・樋口（2016）を参照。

21 ——NIKKEI STYLE「出世ナビ　リーダーのマネジメント論　孫さん柳井さん私「大ぼら3兄弟」最後に生き残るのは」より引用。（https://style.nikkei.com/article/DGXMZO03729170X10C16A6000000?channel=DF180320167066）

22 ——CRAZY MAGAZINE「ハーバード大も注目！売り上げ目標なしでも黒字続きのYume Wo Katareのビジネスとは？」を参照。（https://www.crazy.co.jp/blog/articles/yume-wo-katare/）

23 ——ONE JAPAN（2018）を参照。

24 ——就職ジャーナル「女子大生社長の父・椎木隆太が娘に伝えたかった「行動した方が人生は楽しい」とは？」を参照。（https://journal.rikunabi.com/p/career/20077.html）

25 ——事業構想 PROJECT DESIGN ONLINE「ボーン・グローバル企業とは」を参照。（https://www.projectdesign.jp/201404/bornglobal/001249.php）

26 ——ビジネス＋IT「ボーン・グローバル：フィンランドからグローバル・ベンチャー企業をつくる人々のビジネス＋IT戦略」を参照。ボーン・グローバル企業は、born global firm、born globals、global start-ups、international new venturesといった言葉で表される。（https://www.sbbit.jp/article/cont1/14246）

27 ——JETRO「「ボーン・グローバル」で成長を目指すオセアニアのスタートアップ」を参照。（https://www.jetro.go.jp/biz/areareports/2018/06d7ccef7d489729.html）

28 ——アメリカ部「アトラシアン【TEAM】"営業社員がいない"急成長のコラボレーションツール企業」参照。（https://www.americabu.com/atlassian）

29 ——World Bank Group「Doing Business 2019」参照。（http://www.worldbank.org/content/dam/doingBusiness/media/Annual-Reports/English/DB2019-report_web-version.

pdf）

30──WIRED「目指すは"宇宙のFedEx" ロケット・ラボが開いた小型衛星ビジネスの世界：今週の宇宙ギャラリー」を参照。（https://wired.jp/2018/11/15/rocket-lab-space-photo/）

31──JETRO「「ボーン・グローバル」で成長を目指すオセアニアのスタートアップ」より引用。（https://www.jetro.go.jp/biz/areareports/2018/06d7ccef7d489729.html）

32──沈（2018）を参照。沈才彬（2018）『中国新興企業の正体』KADOKAWA。

Chapter **9** Reborn

主義の破壊で飛躍する

　第8章では、日々、目の前の仕事に向き合うビジネスパーソンが変えるべきマインドの課題について、問題提起を行ってきた。ひとりひとりの、少しずつの変化が積み重なることで、企業単位での創造性までをも向上させることができるようになる。確かに、ONE JAPANの活動のように、少しずつ、時間をかけて、日本企業は変わり始めている。ただし、その速度はまだまだ緩やかなものである。個人の自発的な意識改革だけを起点として組織全体が変わるには、性善説を信じたうえでなお、長い時間を要する。変化を拒むという「日本らしさ」を踏まえれば、変化までにはあまりに長い時間が必要となるだろう。

　第9章では、組織全体をより速く変えていくための処方箋として、3つの主義の破壊について論を進めていく。組織を変えようと考え、ティール組織のような次世代組織モデルについて検討してみても、「自社には合わない」、「いきなり抜本的には変えられない」と、何も実行せずに現状維持が続いてしまう。Google（グーグル）のオフィスや食堂に憧れ、形式だけを整えてみても、やはりグーグルにはなれない。そうした手詰まり感を抱えた企業が組織を変革するためには、もっと根の深い、日本の組織が抱える悪癖を自覚し、1つずつ変えていくことが急務であ

る。減点主義、完璧主義、前例主義、という日本組織に根を張る3つの主義を壊し、組織に現実的な変化を促し、日本のビジネスパーソンが飛躍していくための道筋について、ともに考えていこう。

1 ▶ 目を曇らせる減点主義から、価値を高める加点主義へ

「減点主義」は、日本組織に悪癖として蔓延してしまっている。意識せずとも当然のように、競争相手や取引相手、ビジネス、企業、国、あらゆるものに対して、まず悪い点を探す癖がついている。自社ビジネスであれば、新規事業開発や商品開発、広告戦略など、意思決定のあらゆる場面で、「良いところはどこか」、「どうすればもっと良くなるか」よりも、「悪いところはどこか」、「問題になりそうな箇所はあるか」が議論の中心に置かれやすい。顧客に提供する価値をいかに高めるかの議論ではなく、顧客からクレームが届かないようにするための議論が大半を占めてしまう。競合他社について考える際も同様で、相手の長所よりも短所を探し、減点評価をすることで論点をずらして競合を過小評価し、「まだ大丈夫だ」と自らを安心させようとしがちである。そうではなく、相手の長所を探し、いち早く相手の強さを認め、適切に脅威を認識することこそが、有効な戦略立案を可能にする。

日本の組織における、「出る杭は打たれる」の価値観は根深い。飛び出たトゲは、真っ先に取り除かれる。長い学校教育のなかで、「ちゃんとして」、「『いい子』になって」という言葉は、その危うさを認識されずに使われ続けている。「みんな一緒に」を重んじて、「変なこと」を当たり前のように消そうとする。13〜15歳の学生の在籍場所の調査では、

日本はほぼ100％が中学か高校であるのに対して、韓国では7.8％（13人に1人）、アメリカでは4.1％（24人に1人）が大学か大学院に籍を置いているという[1]。エクセレンスがあれば、上限を設けずにプラスに伸ばしていく、「出る杭は、もっと伸ばす」の飛び級制度は、中国を含め、多くの国で浸透している。

　学校の成績評価では、例えば、どれだけ数学が優秀だったとしても、歴史が赤点であれば、低評価となる。数学の100点が、歴史の30点を帳消しにすることは認められていない。学内評価には、穴のない平均的な賢さが求められ、学生たちもそのルールに従い、リスクなく推薦入試を選ぶ傾向を強めている。2017年度の大学入試において、推薦系の進学を選択した学生は、全体の44.3％と過去最高を記録した[2]。私立大学の2人に1人、公立大学の4人に1人、国立大学の6人に1人が、推薦で大学進学をしたことになる。推薦入試は、基本的に、自身の成績で進める範囲の進学先を選ぶものであり、一般受験のように、一発勝負で、自身の成績以上の進学先にチャレンジするものではない。減点主義のもと、チャレンジ精神を抑えて大学進学を選ぶ学生が増え続けており、彼らの傾向は大学を卒業した後も、大きく変化することはない。

　減点評価を受けてきた学生は、社会に出てからも減点評価の企業に入り、減点主義に疑問を抱くことなく過ごしていく。10回のうち9回失敗しても1回の大成功が評価される、といった世界は、シリアルアントレプレナー（連続起業家）による起業やベンチャー投資（VC (Venture Capital)、CVC (Corporate Venture Capital)）に限られた話だろう。減点主義の企業内評価では、打率1割のホームランバッターは早々に低評価人材のレッテルを貼られ、ホームランを狙う打席に立たせてもらうことすらなくなる。減点評価を受けないように、と心掛ければ心掛けるほど、失敗を恐れるようになり、挑戦はできなくなる。減点主義は、社員のコントロールは

しやすいかもしれないが、イノベーションを生むうえでは悪循環を招く。シャープ株式会社では、経営再建に向け、2014年に14年ぶりとなる人事制度の刷新を行った[3]。減点評価だった制度を改め、加点評価に変えることで、社員ひとりひとりがリスクを取りながら高い目標設計ができるようになる環境を整備した。この人事改革は、加点主義が新商品開発の生産性と創造性を向上させ、経営再建への有効策になるものとして期待されている。

　ビジネスの至る所にAI (Artificial Intelligence) やロボットがかかわり始めているなか、すべてを自前で用意できるような企業は存在しなくなると言っても過言ではない。AIはAI専門企業と、ロボットはロボット専門企業と、逐一、パートナーになってビジネスを組み立てていくことが求められる時代が訪れる。これからは、他社との協業を前提としてビジネスに取り組み、イノベーションを生み出していく力が求められていく。そのときに、先端的な技術やアイデアの「一芸」に秀でるベンチャー企業 (Start-ups) を、いち早くパートナー先として見抜き、手を組んでいく重要性は極めて高いものとなる。市場の変化やライバル企業の動向、パートナー企業の選定、自社ビジネスの可能性、などに関する「目利きの力」は、これまで以上に企業の命運を左右する。しかし、減点主義でまず短所を探すようでは、目利きの目は曇ってしまう。加点主義で、相手の長所と可能性を認める努力・癖を身につけるべきである。実績が、体制が、などと減点を探しているばかりでは、大企業がベンチャー企業と協業して飛躍する日本の未来は描けない。

　日本における加点主義への流れは、大企業とベンチャー企業が協働する取り組みを契機として、転換の兆しを見せ始めている。ベンチャー企業は、発展途上の自社ビジネスを加点評価で捉え、実現させる価値と可能性を主張する。一方、手を組む大企業は、これまでの減点主義を改

め、相手の筋とポテンシャルを加点評価で見抜き、手を組む。そうすることで、両者で未来への種をまき、ベンチャーの革新性を、大企業の資源でジャンプアップさせ、Win-Winの関係性のもとで新たなイノベーションを形つくっていけるようになる。

　株式会社MUJINは、2009年に国際ロボット展で出会ったDiankov Rosen氏（現、同社CTO（Chief Technical Officer／最高技術責任者））と滝野一征氏（現、CEO（Chief Executive Officer／最高経営責任者））が、2011年に創業したロボット・ベンチャーだ[4]。同社は、「ロボットの知能化が世界を変える」と掲げ、産業用ロボットの自動化を実現させ、急成長を遂げているが、創業当初は、自社製品も販路もないゼロからのスタートだった。日本国内で営業を試みるも、実績がないと相手にされず、アメリカに渡って日系企業の現地支社を回った。同じ日系企業でも、日本よりもアメリカの現地支社の方が、新しく面白い技術に対して門戸を開いてくれやすいと感じたためだという。その後、アメリカから日本へ話を通してもらう形で、少しずつ道が開けていくこととなる。ただし、技術とコンセプトだけで、ロボットに合わせたオペレーション・ソフトウェアの現物が手元にあるわけではない。自身が減点評価をしてしまったら、また相手にも減点評価をされてしまったら、「あれがない」、「これもない」と価値は見つけられない状態だ。加点評価で、実現できたときに生み出せる価値を評価してもらえるよう、新しい価値の啓蒙活動に励んだ。

　MUJINにいち早く目をつけたのが、オフィス用品を中心とした通販サービスを手掛けるアスクル株式会社だ。アスクルは、2014年にMUJINとの接点を持ち、物流センターへのロボット導入を目的として、2016年から業務提携を結んでいる。通販ビジネスの要と言える物流機能において、業界大手が、創業間もないベンチャーと手を組んだことになる。

アスクルでは、ピッキング（倉庫での荷物のピックアップ作業）のロボットによる自動化を目指していた。協業先を探したが、「いまの技術では無理だ」と100社以上に断られた末に、検索でたまたまヒットしたMUJINにアプローチした。2014年時点では、MUJINはまだ創業3年目で、社員は10名程度、もともとコンビニ店舗だった場所をオフィスに改装して利用しているような状態だった。加えて、MUJINはプロダクトの現物を持っていない状況で、「私たちの技術で、いずれこういうことができるはず」と説明をする他なかった。しかし、MUJINに足を運んだアスクルの社長と物流担当者は、MUJINのヒト、技術、ビジョンを加点で評価し、可能性を見込み、協業を決めた。

　その後、MUJINは、日産自動車やホンダ、日立、キヤノンなど名だたる大企業との取引を実現させることに成功していく。2017年には、中国のネット通販大手であるJD.com（京東商城）の中国の大型物流倉庫にロボット・ソリューションを納入し、倉庫の完全自動化を実現させ、世界中から注目を集めることになった。躍進を続けるMUJINは、社員の7割をエンジニア、5割を外国人が構成し、ロボット・ベンチャーとして、これからの世界の社会インフラをつくることを目指している。日本に数少ないボーン・グローバル企業として、更なる飛躍が待たれる存在である。

2 ▶ 小さく削り取る完璧主義から、理想を叶える加点型の完璧主義へ

　「完璧主義」は、日本の消費者と企業に特有の病となっている。世界を見渡しても、ここまで完璧主義を好む国はないだろう。それは、電車

や飛行機の発着時間を思い浮かべてみれば、すぐに分かる。日本人は、海外旅行に行くと、電車や飛行機の発着時間があてにならないことを異常だと感じるが、世界からは、ズレない日本の方が異常に見られている。交通機関の数分の遅延で、毎回わざわざ謝罪をするような国は、日本だけである。よく言えば「凄い」が、悪く言えば「病的」である。日本では当たり前になっている、世界と比較しなければ気づけない、日本の特殊性と異常性については、もっと自覚しなければならない。自覚せずに、日本の作法をグローバルに押しつけようとして、日本企業は数々の失敗を積み重ねてきた。例えば、日本人は、マニュアル好きにもかかわらず気の利いたサービスを求め、安価な店やプロダクトにまで完璧性を望み、新リリースに際しては最初から完成形であることを当然視しがちである。

「日本のおもてなし」という言葉は、日本のサービス水準が世界一であるかのような誤解を招く。しかし、日本に限らず、どの先進国でも、一定以上の高級店、レストランやホテル、ブティックなどでは、きめ細やかなサービスが提供されている。日本が特殊なのは、安価な店でも、どこでも、完璧なサービスが望まれている点である。「安くても、完璧」を求める姿勢は、決してグローバル・スタンダードではなく、日本特有のものだ。

「最初から、完璧」も、日本特有の美徳となっている。新商品がリリースされたとき、受け取る日本の消費者も、提供する日本企業も、完璧であることを期待しすぎている。そして、この消費者と企業の完璧主義は、日本のイノベーションを大きく阻害する要因になってしまっている。

アメリカや中国では、まず市場にプロダクトを出してみて、反応を見ながら、販売と並行して改良の手直しをしていく、という姿勢で多くの

革新が生み出されてきた。新奇性の高い、挑戦的なプロダクトは、ゆっくり、じっくりと時間をかけて、最初から完璧なプロダクトに磨き上げてから満を持して発売しよう、とは考えない。なぜなら、完璧なものになるまで時間をかけてしまっていたら、ライバル企業に先を越されてしまうという危機感の方が強いからだ。一定の品質を備えたMVP（Minimum Viable Product）にまでプロダクトを仕上げたら、いち早くリリースし、まず消費者の反応を確かめることが重要視される。そして、良い反応の箇所はさらに伸ばし、悪い反応の箇所はすぐに改善し、バージョンアップ版をすぐに再リリースする。このプロセスを、競合他社よりも短サイクルで回すことに成功した企業が、市場の勝者となる。

　簡易決済サービスのPayPalの創業期にかかわったメンバーは「PayPalマフィア」と呼ばれ、その後にシリコンバレー有数の投資家となったPeter Thiel氏、Tesla（テスラ）やSpace Exploration Technologies（スペースX）を興したElon Musk氏、YouTubeを興したSteve Chen氏など、多くのシリアル・アントレプレナーを輩出している[5]。そのうちの1人、世界最大級のビジネス特化型SNSのLinkedInを興したReid Hoffman氏は、「最初のプロダクトが恥ずかしいものでないとしたら、それはリリースが遅すぎた証拠だ」と、まずリリースしなければ、競争スピードが激化する現在の市場環境では勝ち上がれない事実を指摘している。実際に、Amazon.com（アマゾン）が1995年の創業当初に公開したホームページはごくありきたりなものに過ぎなかったし、iPhoneは2007年の発売当初には「おもちゃ」だと揶揄されていたし、Airbnb（エアービーアンドビー）は2008年のサービス開始時点では「クレイジー」と非難されていた。しかし、市場に出して顧客ニーズを検証しながら、急速に水準を向上させていき、いずれもイノベーションとなった。

　大きく二分すれば、日本と世界の違いは、日本は減点型の完璧主義で

あるのに対して、米中に代表される世界のリーディング企業は加点型の完璧主義であるという点にある。図9-1のように、同じアイデアを思いついても、日本は下の減点型ルートを進んでしまいやすい。アイデアの、面白いが実現に向けた課題の多い、尖った点に対して減点評価を行い、「これは大変だから」、「前例がないから」、「万が一、こんな事態が起きたら」とマイナスの議論を重ね、安全なようにトゲを切り離していく。理想と現実を切り離し、失敗が起きないように穴のない目標を立て、慎重に時間をかけて「完璧なプロダクト」に仕上げていく。そして、満を持して、完成形として発売する。それだけの時間と労力をかけて磨き上げた完成形であるため、市場がどう反応しようとも、そう簡単には軌道修正できない。結果、減点型の完璧主義に基づいて、小さく削り取られた「完璧なプロダクト」が生み出されていく。

一方、世界のスタンダートは、上の加点型ルートを選んで進む。アイデアの面白いトゲに対して加点評価で、トゲを抜くようなもったいないことはせずに、トゲを活かしてプロダクトの価値を最大限に高めることに注力する。理想を実現させる目標を設計し、最低限の水準を満たしたMVPまで仕上げたら、穴があろうと、歪であろうと、とにかくまずリリースして市場の反応を確かめる。市場の反応に敏感に、柔軟に反応して軌道修正を行いながら、販売と製品改良を並行させ、ライバルに先駆けていち早く、トゲを活かしきる形で、プロダクトの価値とクオリティを向上させる。そうして、加点型の完璧主義によって大きく膨らませた「完璧なプロダクト」を輩出していく。

加点型の完璧主義を実現させるためには、ビジネスパーソンひとりひとりのマインドを変えるだけでなく、組織の体制が変わらなければならない。加えて、市場の、消費者のマインドの変化を伴わなければ、実現は困難となる。消費者が減点型の完璧主義のままでは、リリースした

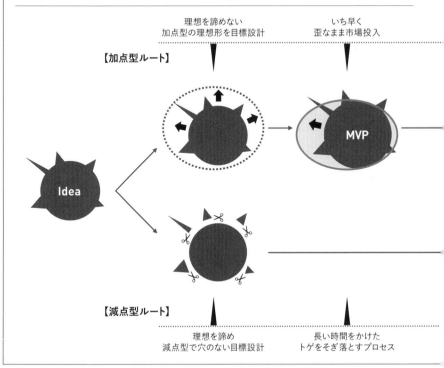

図9-1▶ 減点型の完璧主義と、加点型の完璧主義

出典：筆者作成。

　MVPの段階で、プロダクトは袋叩きにされてしまい、加点型ルートのゴールまでたどり着くことはできない。そうならないためには、消費者に加点評価を促せるだけの、説得力のある「価値の啓蒙」を発信することが欠かせない。加点型の完璧主義によるプロダクトは、企業と市場がともに創りあげていくものである。

　こうした完璧主義にまつわる対比構造は、英語を用いたコミュニケーションの場面にも当てはめられる。日本人は総じて、義務教育で英語の文法を徹底的に細かく学ぶにもかかわらず、英会話が苦手である。いざ

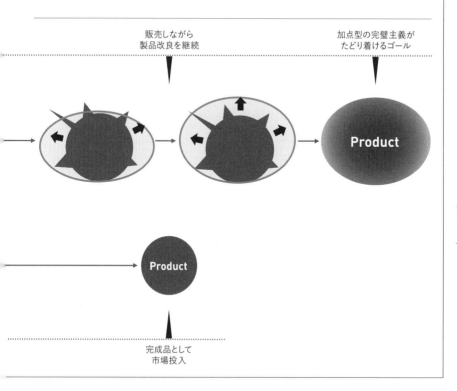

話すとなると、文法に間違いはないかどうかを気にして、多くのヒトがしり込みをしてしまう。英語を使う場面があると分かると、事前に文法を覚えなおし、英会話教室に短期集中で通い、穴のない「完璧」を目指しがちである。そして、事前に完璧になっていないから、という理由で機会を先延ばしにしていく。しかし、世界において、英語でのコミュニケーションで完璧な文法や発音を求められる場面など、そうあるものではない。アメリカでも、中国でも、ヨーロッパでも、英語を第二言語として使っているヒトはいくらでもいる。通常のコミュニケーションにお

いて、完璧な英語が求められているわけではないし、彼らは第二言語として様々な癖のある英語に慣れている。だから、たとえジャパニーズ・イングリッシュのカタカナ発音だったとしても、普通に話せば、インド人よりは聞き取りやすい英語として理解してもらえるだろう。事前に完璧である必要はない。事前に完璧にしておくことを言い訳にして、実行を先延ばしにしてはいけない。まず話してみて、試行錯誤しながら、話しながら、完璧に近づいていけば良いのである。

3 ▶ 臆病な前例主義から、挑戦する前例更新主義へ

「前例主義」は、物事の良し悪しを自身では判断できない、と白旗を上げているに等しい。前例がなければ何もできないとしたら、そんな恥ずべきことはない、と自覚しなければならない。「前例がない」からと言って、「だから、できない」に直結させることはロジックは成り立たない。なぜ「前例がない」のか、を分析するステップに即座に移る必要がある。実現までにどのようなハードルがあったからなのか、以前の技術ではできなかったからなのか、あるいは、実行プロセスに問題があったからなのか。過去に前例がなかった理由を明らかにしたうえで、その理由は、これからも乗り越えることができないのかどうか、フラットに、先入観なく検討する姿勢を、組織として共有しておかなければならない。

サントリーホールディングス株式会社の創業者である鳥井信治郎氏は、「やってみなはれ」精神で、冒険者として、新しいことに挑戦し続ける組織をつくりあげた[6]。同社では、「結果を怖れてやらないこと」

は悪であり、「なさざること」は罪である、と定めている。現状に甘んじることなく異を唱え、異分野や新しいことへチャレンジを続ける姿勢から、1907年の国産ワイン、1929年の国産ウイスキー、1981年の缶入りウーロン茶、2004年の青いバラ、などの新奇性の高いプロダクトを実現させてきた。しかし、多くの日本企業では、「やってみなはれ」は実践されていない。より正確には、創業当初はやるしかないために、危機感を持った挑戦が行われていたはずだが、企業が成長し安定していくにつれて、リスクを取らずに前例に従った行動を好むようになっていっている。

　前例があるビジネス、戦略、商品にだけ注力していくということは、レッドオーシャン市場への参入を繰り返していくことを意味している。そのレッドオーシャンが成長市場であれば、参入するという選択自体は間違いではないが、前例に従うだけの参入では競争に勝つことはできない。規模の経済を発揮して価格勝負に持ち込むことはできるが、その戦法だけで世界と戦える規模を備えた日本企業はいない。いかに前例とは異なる差別化ポイントをつくれるか、いかに新奇性を生み出せるか、について考え抜く必要がある。前例にただ従うのではなく、前例を分析して活路を見出し、前例を塗り替えて更新していくことが、競争優位の創出、ブルーオーシャン市場の開拓、そしてイノベーションの創出を導く。

　前例主義に染まった組織においては、前例とは異なるアイデアや前例がないアイデアを出せば、すぐに粗探しが始まってしまう。そして減点評価に基づく粗がリストアップされ、前例のない挑戦にGOサインは出されない。もしGOサインが出たとしても、条件として、失敗した場合の責任は当事者に押しつけられてしまう。失敗したらトカゲのしっぽ切り、もし成功したら企業の手柄、とされがちである。これでは、健全な

挑戦は生まれてこない。前例に依存せずに、フラットな視点と思考で、挑戦できる組織でなければならない。

　日本コカ・コーラ株式会社は、2009年にミネラルウォーター「い・ろ・は・す」を発売した[7]。同商品は、Volvic（ボルヴィック）やevian（エビアン）といった海外ブランドがシェアを握るレッドオーシャンだったミネラルウォーター市場に後発で参入したにもかかわらず、発売開始からわずか3年半で20億本を売り上げる大ヒットを記録した。2010年からは、各種フレーバーウォーターも発売し、国内ミネラルウォーター市場全体を押し広げる原動力にまでなっている。同商品は、いくつかの点で前例とは異なる挑戦をした結果、成功を掴んだ。

　まず、「い・ろ・は・す」というネーミングである。日本語で物事の基本を意味する「いろは」と、健康と環境に良いライフスタイルを表す「ロハス（LOHAS／Lifestyles of Health and Sustainability）」を組み合わせ、子供からシニアまで分かりやすい平仮名のブランド名が考えられた。しかし、前例として、既存ヒット商品はどれも横文字でクールな印象を与えるものであり、社内からは不安視する声があがった。プロジェクト・メンバーたちは、前例主義の反対意見に対して、国産の天然水ならではの差別化されたイメージを強調する意義を訴え、「い・ろ・は・す」というネーミングを押し通した。

　次に、同商品のキャップやラベルに採用された鮮やかな緑のカラーに注目してみてほしい。前例では、緑はお茶の定番カラーであり、ミネラルウォーターの定番カラーは、白か青、水色だった。そのため、緑色のミネラルウォーターは、売り場で混乱を招くのではないか、と反対意見がまた寄せられた。ただし、同商品は環境に優しいプロダクトである点を中心に据えて開発しており、タオルのように絞れるペットボトル、という形でエコを可視化し、従来よりも4割軽い、国内最軽量のペットボ

トルを採用していた。そのため、エコやロハスというプロダクトのキーコンセプトを直接伝えられるよう、緑というカラーにこだわり抜いて反対意見を退けた。

そして、広告も、前例とは逆張りを貫いた。ミネラルウォーターの広告の主流とされていたのは、女性や若い男性を起用し、穏やかさ、まじめさ、ナチュラルさを発信するタイプのものだった。それに対して、同商品は、大人の男性である阿部寛氏を起用し、テーマソングにはサンボマスターによる力強いロックを流した。「世界を変える水」というイメージを伝えるために、「世界を変えさせておくれよ」というオリジナルの歌詞を力強く歌いあげてもらった。

ネーミング、カラー、広告と、いずれも前例を破る型破りなプロダクトが、社内の反対を押し切ってリリースされた。プロジェクト・メンバーは、背水の陣の思いで、上手くいかなければ辞職する覚悟までを持って、全身全霊で、前例とは異なる商品開発方針を貫いたという。その思いが報われ、同商品は大ヒットとなり、ミネラルウォーターの定番商品として、発売から10年が経過した2019年でも、店頭のゴールデンゾーンに並べられている。

前例に従い、前例に依存する、という後ろ向きの前例主義のままでは、革新に挑戦していくことはできない。前例とはただ守ればいいものではなく、把握したうえで更新していくべきものである。前例を革新のための肥やしとして捉える前例更新主義によってこそ、イノベーションを実現させることができる。

Stripeは、アイルランド出身のPatrick Collison氏とJohn Collison氏の兄弟が2011年にリリースしたオンライン決済サービスである[8]。兄のPatrick氏は1988年生まれ、弟のJohn氏は1990年生まれで、アイルランドの田舎で中学時代からプログラミングに没頭していた兄弟は、兄は飛

び級でMIT（マサチューセッツ工科大学）、弟はハーバード大学へ、ともにアメリカのボストンへ進んでいく。起業を志した2人はともに退学を選び、ボストンからサンフランシスコへと移り、eBay出品者向けのソフトを開発するShuppaを1社目として、2007年に起業した。翌年に同サービスを売却し、2社目の起業として選んだのが、オンライン決済サービスのStripeだった。

　Stripeは、サイトに数行のソースコードを加えるだけで、130種類以上の通貨によるオンライン決済が実現できるサービスで、その使いやすさが最大の売りである。取引ごとに2.4%の手数料が発生するが、その他の月間利用料やシステム設置料、情報保管料などは一切なく、返金対応時の追加手数料もないことで、世界中のB2B（Business to Business）ビジネスの現場に採用されていった。サービスとビジネスモデルが広く受け入れられ、Stripe（ストライプ）社は、創業からわずか7年後の2018年には時価総額230億ドルのメガ・ベンチャーとなっている。

　そんなStripeも、リリース当初は「PayPalがあるから」と、なかなか賛同が得られなかったという。しかし、そのPayPalを生み出したPeter Thiel氏やElon Musk氏が、本来は競合にあたるStripeを高く評価し、資金提供を行った。これを契機に多額の資金調達を実現させた同社は、創業から3年後の2014年には、Apple（アップル）やFacebook（フェイスブック）、Twitter（ツイッター）、また中国のアリババ（阿里巴巴集団）のAlipayとの提携を次々に実現させた。その後も、ECプラットフォームのShopify、配車サービスのLyft、テンセント（腾讯）のWeChat Payなど、世界中で、急速に広がっていった。

　もしも、当事者であるCollison兄弟や、当初に評価し資金を提供したPayPalマフィアたちが、「もうPayPalがあるから」と前例を過大評価していたら、Stripeは誕生することも、世界中に普及することもなかった。

同様に、iPhoneは、「BlackBerry（ブラックベリー）があるから」、「ガラケーがあるから」とアップルが考えていたら世に出ていなく、スマートフォンの普及速度は現在とはまったく異なるものになっていただろう。そして、「現金があるから」と言い続けているからこそ、未だに日本にはキャッシュレス社会が実現できていない。「○○があるから」という前例を、更新し続けてきたのがビジネスの歴史、イノベーションの歴史である。前例を塗り替え、更新していくことこそが、イノベーションへの道となる。イノベーションを新たに生み出していくために、前例主義と決別し、前例更新主義を組織全体で取り入れていくことが求められる。

4 ▶ 「上」が「下」を飛躍させる

　日本のビジネスパーソンを飛躍させるために、組織が壊すべき3つの主義についてまとめたものが、図9-2である。マイナス要素を探す減点主義の習慣を捨て、自社ビジネスも、競合も、提携先も、あらゆる物事を加点主義で適切に見定めていく。減点型で価値を縮小させる完璧主義ではなく、市場と共創できる加点型の完璧主義を採用することによって、理想のプロダクトを創りあげていく。前例に縛られる前例主義から、前例を成長材料として新しさを見出す前例更新主義へと切り替え、次のイノベーションを生み出していく。

　こうした飛躍に必要となる組織の環境整備において、最も重要となる点は、「上」が「下」の活躍を誘発させられるかどうか、である。世代においても、肩書においても、「上」にいる人材が、「下」の人材を活躍させられる場と仕組みを設計できるかどうか。「下」が萎縮せずに、飛

図9-2 ▶ 3つの主義の破壊

減点主義	⟷	加点主義	自身も相手も、加点評価で適切に見定める
完璧主義	⟷	加点型の完璧主義	企業と市場が、理想を共創する
前例主義	⟷	前例更新主義	前例を分析し、前例を更新していく

出典:筆者作成。

躍したい、飛躍できる、というマインドを持てるように、「上」が導けるかどうか。組織改革には、こうした「上」ありきの議論が不可欠であり、この議論をブレイクスルーできていないために、日本の企業、ビジネス、ヒトの飛躍は実現できていない。「上」にいる人材が、自分たちができなかった、辛かった、苦しかったことを、「自分たちもそうだったのだから」と、「下」の人材にも同じ思いを強いていたとしたら、まったくの論外である。生産性も創造性も、飛躍するわけがない。失われた30年と言われる平成の時代を越え、「お前たちはもっと羽ばたけ」と、「上」が「下」を飛躍させることこそがカギとなる。

　世界のイノベーションの第一舞台となっているシリコンバレーには、この「上」が「下」を飛躍させる構図ができあがっている[9]。シリコンバレーにおいて、上場や売却によって、大なり小なりの成功を掴んだ者の多くは、シリアルアントレプレナー(連続起業家)かエンジェル投資家、あるいはその両方となる。エンジェル投資家になった成功者たちは、それまで以上に、夢に向かって熱を帯びる若者たちのビジネスプランに対して、面白さや可能性に賭けて応援するようになる。「かつては自分もお世話になったから」、「成功までには失敗の山を築くことになると、身をもって知っているから」といった理由から、実績はなくとも、説得力

のある起業家の卵をバックアップする。当然、投資として実利的な側面はありながらも、ボランティア精神に近い感覚も持ち、資金やノウハウ、人脈を提供して支援していく。自らが、シードやアーリーのベンチャー企業に参画していくケースも少なくない。つまり、失敗を織り込み済みで、「下」の挑戦を支援する「上」の先駆者たち、ベテランたちが大勢いるのである。彼らの存在があるからこそ、「あの場所でなら夢を追いかけることができる」と、世界中の起業家がシリコンバレーに集まり、年間5,000社にものぼる起業が行われている。

　中国のメガ・ベンチャーでも、「上」が「下」を飛躍させる意識は強く持たれている。テンセントでは、「競馬制」と名付けられた仕組みを設け、「下」の競争と挑戦を刺激している[10]。競馬制とは、本来は別の業務を主管する部署であっても、本業とは外れたプロジェクトに取り組み、社内競争を勝ち抜くことができれば、そのプロダクト開発を担当できる仕組みである。実際に、同社が運営している利用者10億人のメッセンジャーアプリのWeChatは、本来主管するはずのモバイル事業部ではなく、競馬制を勝ち抜いた別部署が開発したプロダクトである。当時、モバイル事業部でもWeChatと同タイプのプロダクト開発を進めていたが、PC向けのQQメールを本業とするPC事業部のチームが、競馬制における「最も早くて良いプロダクト」として優勝した。優勝チームとして選ばれたWeChatには、一気に社内のリソースが集中されるようになり、役員総出で昼夜を問わずにWeChatのデモ版の体験と改善が繰り返され、リリースを迎えた。同社では、所属部署の仕事だけを無心でしていればいいわけではない。「上」から降りてくる業務にただ取り組んでいればいいわけでもない。「下」が自主的に、貪欲に、創造性を発揮できるよう、「試さなければ前に進めない」と「上」が「下」を説得し、制度を設けてチャレンジに取り組ませている。

ハリウッドのエンターテインメント産業に目を移しても、「下」の活躍を「上」が支えていることが分かる。2016年に北米で公開された映画『LA LA LAND』は、3,000万ドルの製作予算に対し、世界で4億4,600万ドルの興行収入をあげる大成功を収めた[11]。その成功は興行面だけでなく、賞レースでも飛び抜けた成果をあげた。その年のゴールデン・グローブ賞では主演女優賞、主演男優賞、監督賞など史上最多7冠、アカデミー賞では史上最多14ノミネートのすえに6冠を達成した。しかし、公開前には、ハリウッドの通説にある「実写ミュージカルはヒットしない」に基づく多くの批判にさらされていた。特に、ブロードウェイ・ミュージカルを原作としないオリジナル作品では絶対にヒットは狙えない、と後ろ指をさされていた。実際に、『LA LA LAND』の監督であるDamien Chazelle氏は、もともとミュージカル映画をつくりたかったが、スタジオの賛同を得られず、前作『Whiplash（邦題：セッション）』をヒットさせて初めて製作資金を得ることができた。

　この『LA LA LAND』の製作陣を見てみると、主演女優のEmma Stone氏が28歳、主演男優のRyan Gosling氏が36歳、ハーバード大学出身の監督兼脚本家のDamien Chazelle氏が32歳、監督の大学時代からの友人で作曲家のJustin Hurwitz氏が32歳、という若さである。いずれも受賞時の年齢であり、映画の製作段階ではもう1、2年さらに若かったことになる。Chazelle氏は、同作品で史上最年少でのアカデミー賞監督賞の受賞を果たした。この若く、才気に溢れるタレントたちだが、彼らを支えたプロデューサー陣は、業界のベテラン勢である。プロデューサーとして、Gary Gilbert氏（受賞時、52歳）、Marc E. Platt氏（60歳）という業界を知り尽くしたベテラン勢が、若手のアイデア、思い、才能を開花させるために、障害を取り除き、道筋を整えた。「上」と「下」が役割を分担し、融合した結果として、『LA LA LAND』は奇跡的な成功を

収めた。

　日本において、「上」が「下」を飛躍させる取り組みを、マインドとして共有し、制度までを設けて実践している数少ない企業として、産業用冷蔵・冷凍装置でトップシェアを誇る株式会社前川製作所がある[12]。同社では、年齢を基準として、社員の働き方を「動」と「静」に分けている。同社の社員は、20代〜40代を「動」として働く。「動」の人材は、粗さはあっても革新的な仕事を推し進め、目の前の業務に対して高い熱量と集中力を注ぎ、恐れずに独創性や意外性のあるアイデアを出して意思決定を行っていくことを推奨される。そうして自由に革新的に働いていった「動」の人材は、50歳を迎えると、今度は「静」の人材に変化することを求められる。50代以降は、「静」の人材として自身の役割を変え、「動」の仕事の粗を埋める、丁寧で緻密なサポートを行い、自社のビジネス全体を俯瞰して捉え、既存と新規のビジネスが上手く流れていけるようにレールを整備していくことを推奨されるようになる。

　同社のユニークな点は、「静」が「動」に合わせて、働き方や役割を変えていく点にある。「上」が「下」に合わせて変化しなければならない、と定めている。なぜなら、「動」の経験を経た「静」のシニア人材だからこそ、次の「動」がより働きやすくなる「静」を目指せるからだ。反対に、「動」としての働き方も「静」としての働き方も、どちらも熟知できていない若手に対して、シニアが働きやすくなる柔軟な変化や対応は求められるわけがない。「上」（静／シニア）が、「下」（動／若手）を活躍させられるように変わることで初めて、上下が融合できるようになる。その結果、「上」だけでも、「下」だけでも、成し遂げられなかったような価値を生み出すことができる。同社からは、高効率自然冷媒冷凍機のニュートンや、チキン骨付きもも肉全自動脱骨ロボットのトリダス、といった革新的なプロダクトが輩出されている。

「『下』が意識を高く持ち、頑張り、『上』を変える」という大企業内での取り組み。あるいは、「『下』が活躍できる、『下』だけの組織をつくる」という起業。この2つは、日本において始められてきているが、まだまだ活性化には至っていない。活性化させるためには、「『上』が意識を変え、『下』に手を差し伸べる」、「『上』が『下』を飛躍させる」という、日本組織が長い間、先延ばしにしてきた課題に、組織単位で取り組む必要がある。アメリカ型、欧米型、あるいは中国型は、日本の組織には合わない。そう言い続けてきた結果が、イノベーションが生み出されない日本企業の現状となっている。グローバル・スタンダードとして、世界の企業が持ち合わせるようになっているエクセレンスを、目をそらさずに、貪欲に学び、自社に合わせて取り入れ、組織を変えていかなければならない。まずは、本章で光を当てた4つの問題提起から、検討と行動をスタートさせてみてはどうだろうか。

テクノロジーの進化は加速し続け、戦略の更新・発展も速さを増している。しかし、ヒトのマインドや組織の志向は、そこまで速く変わっていけるものではない。特に、日本の文化と価値観に慣れ親しんだビジネスパーソンは、なかなか変えられない。だからと言って、変化を諦めてしまったら、その時点で成長はストップしてしまう。果てしない道のりに思えても、一歩ずつ、変化にチャレンジし続けることだけが、ビジネスパーソンの、そして日本企業の、飛躍を導く処方箋となる。

註

1 ── Newsweek「飛び級を許さない日本の悪しき年齢主義」を参照。（https://www.newsweekjapan.jp/stories/world/2017/11/post-8920.php）
2 ── 旺文社 教育情報センター「今月の視点　29年度「推薦・AO」入学者、過去最高の"44.3％"！」を参照。（http://eic.obunsha.co.jp/resource/viewpoint-pdf/201801.

pdf)

3 ——日本経済新聞「シャープ、人事制度見直し」を参照。(https://www.nikkei.com/article/DGKDASDD060U9_W4A100C1TJ0000/)

4 ——株式会社MUJIN「導入事例＃3　活況に沸く中国ECの雄が新設した大型物流倉庫の完全自動化を実現」、NEWS PICKS「実績ゼロのスタートアップと大手企業が育む「パートナーシップ」とは」、および「販路なし、商品なし。ゼロから始まった超テック系スタートアップMUJINの戦略」を参照。(https://mujin.co.jp/case/jdcom.html)、(https://newspicks.com/news/3546708/body/)、(https://newspicks.com/news/3310002/body/)

5 ——馬田 (2017)、COURRIER JAPAN「イーロン・マスクを生んだ「ペイパル・マフィア」の"秘密"」を参照。馬田隆明 (2017)『逆説のスタートアップ思考』中央公論新社。(https://courrier.jp/info/22334/)

6 ——サントリー「やってみなはれ精神が生み出したフロンティア製品」を参照。(https://www.suntory.co.jp/company/research/history/frontier.html)

7 ——ベストチーム・オブ・ザ・イヤー「「本当にしぼれる！」という驚きで、ミネラルウォーター市場を切り開く——「い・ろ・は・す」プロジェクトチーム」、東洋経済オンライン「「い・ろ・は・す」を20億本売った"女マネ"」を参照。(https://team-work.jp/2011/879.html)、(https://toyokeizai.net/articles/-/12811)

8 ——finte「20代でビリオネア (億万長者) に!!フィンテックドリームを掴んだ創業者兄弟」、BUSINESS INSIDER JAPAN「日本拡大を加速、1兆円の決済メガ・ベンチャー「ストライプ」の強さは"幼なじみ"経営」、BUSINESS INSIDER JAPAN「未公開テック企業、企業価値ランキング トップ25 [アメリカ版]」、「2人揃ってビリオネア、注目のフィンテック「ストライプ」を創業した兄弟はMITとハーバードを中退、およびForbes JAPAN「20代兄弟が生んだ1兆円企業　モバイル決済「ストライプ」の躍進」を参照。(https://www.enigma.co.jp/media/page-1460/)、(https://www.businessinsider.jp/post-167517)、(https://www.businessinsider.jp/post-178347)、(https://www.businessinsider.jp/post-169829)、(https://forbesjapan.com/articles/detail/14397)

9 ——WEDGE infinity「シリコンバレーでイノベーションが繰り返される理由　日本とはなぜこれほど違うのか？」を参照。(http://wedge.ismedia.jp/articles/-/4640)

10 ——李 (2018) を参照。李智慧 (2018)『チャイナ・イノベーション——データを制する者は世界を制する』日経BP社。

11 ——NewSphere「ハリウッドの常識覆した『ラ・ラ・ランド』、その魅力とは？」を参照。(https://newsphere.jp/entertainment/20170217-2/)

12 ——恩藏・永井 (2017) を参照。恩藏直人・永井竜之介『脱皮成長する経営——無競争志向がもたらす前川製作所の価値創造』千倉書房。

あ と が き

　本書は、顔を思い浮かべることのできる友人、知人、そして教え子たちに伝えたい知見と事例を凝縮させ、「ビジネスパーソンが変わるために」、「イノベーションを創り出すために」と書きしたためた。不特定多数の曖昧な「日本のビジネスパーソン」ではなく、私の周囲にいる、日々奮闘している彼らの力になりたいと考えた。その顔を思い浮かべられる「彼ら」のなかには、大企業・中小企業・ベンチャー企業（Start-ups）に勤めるビジネスパーソンから、経営者、経営者予備軍である二世・三世、そして高千穂大学と早稲田大学の学生までが含まれる。そのため、身の回りの人たちに向けたメッセージではありながらも、極めて幅広い読者にとって、自分事化して吸収してもらえる内容になっているはずである。

　本書を締めくくるにあたって、読者には、先人による5つのメッセージを届けたい。

　「It is not the strongest of the species that survives, nor the most intelligent that survives. It is the one that is most adaptable to change.（生き残ることができるのは、最も力が強いものでも、最も知能が優れるものでもない。変化に対して最も適応できるものである。）」[1]

　自然科学者のCharles Darwin氏の有名な言葉である。ビジネス環境に置き換えれば、「変化を怖れない」というスキルは、ビジネスパーソンにとって、企業にとって、激変を続ける環境下で勝ち上がり続けていく

ために不可欠のものとなる。刺激を集め、自らに傷をつけ、超回復させ、自身を変化させ続けていこう。

　既存の「いまの自分」であり続けることは楽かもしれないが、変化と向き合わなければ、勝てず、楽しめない。変化に向き合い、さらなる勝利や成功を求め、人生と仕事を楽しむためには、挑戦を続けていかなければならない。

　「Ever tried. Ever failed. No matter. Try Again. Fail again. Fail better. （どれだけ失敗をしても構わない。挑み続けろ。次は、前回よりも上手く失敗すればいい。）」[2]

　1969年にノーベル文学賞を受賞した作家のSamuel Beckett氏の言葉である。テニスのグランドスラムで3勝を誇る、スイスの名プレーヤー、Stan Wawrinka選手は、この言葉を左腕にタトゥーで刻み込んでいる。あらゆるフィールドで闘う者にとって、挑戦には常に失敗がついて回る。失敗から学び、失敗を乗り越えていくことこそが、挑戦の本質だ。

　「In the real world, you'll never get straight As again…your motto, your mantra, your battle cry, "Next!"（社会に出てから、君たちは二度とオールAを取ることはないだろう。良い時もあれば、悪い時もある。そんなときには、この魔法の言葉を使えばいい。「次へ！」）」[3]

　ハリウッドの名優、Robert De Niro氏は、ニューヨーク大学ティッシュ芸術学部の卒業式で、学生たちにこの言葉を贈った。一時の成功にしがみつくことも、一時の失敗に打ちのめされすぎることも、望ましくない。挑戦を続け、変化し続ける。長い、長い挑戦と変化の人生を歩ん

でいくうえでは、「Next！」と割り切って次に進むタフさを身に付けよう。

　挑戦と変化の果てしない旅の途中では、不安を覚え、自問自答することもあるはずだ。日本プロ野球で、大多数の偏見を打ち破り、二刀流で素晴らしい成果を示し、メジャーリーグへと進んでいった野球の大谷翔平選手でさえ、メジャー１年目のオープン戦で投打不振に陥ったときには、心が揺れたという。そこで彼は、バットを持ち、助言を求めてイチロー選手の自宅に向かった。

　「自分の才能や、やってきたこと、ポテンシャルを、もっと信じた方が良い。」[4]

　技術指導と共にもらったこの言葉に後押しされ、大谷選手は開幕から投打ともに、呪縛から解き放たれた活躍を見せ、日本人としてイチロー選手以来17年ぶりとなる最優秀新人賞を受賞した。このイチロー選手が大谷選手に贈った言葉は、スポーツ、野球、天才、だけに当てはまる話にすべきではない。挑戦を続ける人に、広く当てはまる話である。挑戦に迷い、それでも更なる一歩を踏み出そうとする人の背中を押してくれるはずだ。

　読者へのメッセージは、ドイツの文豪、Johann Wolfgang von Goethe氏のこの言葉で締めくくろう。

　「Money lost, something lost. Honor lost, much lost. Courage lost, everything lost-better you were never born.（財貨を失うのは、少しを失うことだ。名誉を失うのは、多くを失うことだ。勇気を失うことは、すべてを失うことだ。）」[5]

勇気を取り戻そうとするビジネスパーソンと、ビジネスパーソン予備軍の学生にとって、本書が挑戦への一助となれたら、幸いである。

　本書は、ビジネス書であると同時に、高千穂大学商学部「マーケティング情報論A・B」と早稲田大学商学部「起業家養成講座Ⅰ・Ⅱ」で利用するテキストでもある。後者の開講と運営に、長きにわたり御尽力頂いた早稲田大学の鵜飼信一名誉教授には、この場を借りて心からの敬意と感謝を伝えたい。

　最後に、私の執筆活動に理解とサポートをくれ、また執筆のエネルギーの源にもなってくれている、妻と2人の息子に心よりの感謝を記して本書を締めくくりたい。

　　2019年5月

　　　　　　　　　　　　　　　　　　　　　　　　　　　永井竜之介

註

1 ──Quote Investigator「It Is Not the Strongest of the Species that Survives But the Most Adaptable」より引用。(https://quoteinvestigator.com/2014/05/04/adapt/)
2 ──OPEN CULTURE「"Try Again. Fail Again. Fail Better": How Samuel Beckett Created the Unlikely Mantra That Inspires Entrepreneurs Today」より引用。(http://www.openculture.com/2017/12/try-again-fail-again-fail-better-how-samuel-beckett-created-the-unlikely-mantra-that-inspires-entrepreneurs-today.html)
3 ──vimeo「Robert De Niro - Tisch Salute 2015」より引用。(https://vimeo.com/129119816)
4 ──サンケイスポーツ「大谷、開幕直前にイチローから忘れられない一言「自分の才能をもっと信じた方がいい」」より、口語を整えて引用。(https://www.sanspo.com/baseball/news/20181105/mlb18110518050005-n1.html)
5 ──AZ QUOTES「Money lost, something lost. Honor lost...」より引用。(https://www.azquotes.com/quote/776255)

あ と が き

　『日本の企業人は、「失敗の経験」を評価する米国流、「考えるよりまず動く」中国流、そして両国に通じる「口八丁」を見習う必要がある。

　慎重・熟慮・謙遜という日本人の美徳は、戦後のモノづくりではプラスに働いた。だが産業全体がサービス化し、環境変化が劇的に速くなった今、逆に足かせになる場面が増えている。

　何が正解か分からない先端的な分野では、試行錯誤した「経験値」の差が勝敗を分ける。「失敗」を恐れ、失敗した人を「浅慮」、「拙速」とおとしめる風潮を改めない限り、米中に対する勝ち目はない。』

　上記は、日経ビジネス（2019.01.14 No.1974）「10年後のグーグルを探せ 世界を変える100社」における、吉岡陽記者の取材に対して筆者が指摘した、ビジネスにおける日米中の特徴である。

　前著『メガ・ベンチャーズ・イノベーション』の後編である、本書『イノベーション・リニューアル』の内容は、この取材において生まれた問題意識が契機となった（この指摘に対する解は、本編**第Ⅲ部**に述べている）。

　グローバルなビジネス・イノベーションを語るとき、中国を徹底的に調べるべきであることは、現時点での時価総額世界ランキングを見ても明らかである。しかし、中国におけるイノベーションや中国発ベンチャー企業の実態は、学生はおろか、ビジネスパーソンにも認知されて

いない。いや、しようとしない現状に危機感を覚えるのは筆者だけではないだろう。

　しかし、中国のイノベーションやベンチャー企業を、ケースとして取り扱うことは難しい。本書執筆にあたっての最大の難関は「時間」であった。中国のイノベーションの最大の特徴は「スピード」であると筆者は考える。その「スピード」が想像を超えることは、本編を読んでもらえば理解できるだろう。書籍出版にはどうしても時間がかかり、例えば本書については、構想から脱稿、校正、印刷等々、書店に並ぶまでに約10カ月かかった。短期間に「Get Big Fast」を標榜するベンチャー企業や新しいビジネスが、あらゆる場所から、想像を超えた速度で生まれ、燃え尽きるまで生存競争を繰り返す、それが中国である。新しいユニコーンが続々と誕生し、それまでユニコーンと言われた企業がある日、突然姿を消す。企画した時点では飛ぶ鳥を落とす勢いで急成長していたベンチャー企業が、出版した時には無くなってしまうような、ドラスティックな変化がおきかねないのである。

　米中二強がこれまでとしたら、いよいよ中国がアメリカを超える中米二強時代という未来に関しても本編で触れたが、もう少し時間はかかるだろうと筆者は予測する。その理由は人材である。優れた起業家は世界中にいるが、アメリカ、特にシリコンバレーでは、歴史的に、ユニコーンになる企業でも何度かの転職を繰り返すチャンスに恵まれるような、高い人材の流動性が存在している。Cisco（シスコ）やIntel（インテル）にはじまりGAFA、Yahoo!（ヤフー）など、ユニコーンになるような企業間で転職し、複数の企業で働いた経験がある人材。この多くがIPOを経験し、ビリオネアやミリオネアとなり、その後、起業家や投資家となるエコシステムが出来上がっている。上海や深圳にこのような生態系が根付くには、もう少し時間が必要だろう。

本書は、『メガ・ベンチャーズ・イノベーション』では書ききれなかった、ベンチャー企業からユニコーン、その最終形態であるメガ・ベンチャーになる過程を、中国のベンチャー企業の事例から解説したものである。「なぜ中国はイノベーションを生み出せるようになったのか」、本書で描かれた事例や主張を参考とし、学びに昇華してもらえれば幸いである。

　本書執筆にあたっては、様々な企業や企業人に協力や意見を頂いた。現在、筆者が早稲田大学で担当する「現代音楽ビジネス論」に協力いただく株式会社レコチョク、「起業家養成講座Ⅰ」を支援してくれるピジョン株式会社。いくつか事例にも登場した「起業家養成講座Ⅱ」の早稲田大学OB起業家や、「ビジネスプロフェッション $\alpha \cdot \beta \cdot \gamma \cdot \delta$」を応援してくれる大原学園、「環境・エネルギービジネス実践講座」の株式会社ユーパーツ。そして、これらの講座を支える早稲田大学の事務方の皆さん、早稲田大学リサーチイノベーションセンターの職員の方々に御礼申し上げる。

　最後に、2度目のタッグとなる共著者の永井と、千倉書房の岩澤孝氏には、最大限の感謝の意を表したい。

2019年5月

村元　康

参考文献

Giles, Sunnie (2018) "*The New Science of Radical Innovation: The Six Competencies Leaders Need to Win in a Complex World*," BenBella Books.

Tellis, Gerard J., Jaideep C. Prabhu and Rajesh K. Chandy (2009) "Radical Innovation across Nations: The Preeminence of Corporate Culture," *Journal of Marketing*, 73 (1), 3-23.

ONE JAPAN (2018)『仕事はもっと楽しくできる　大企業若手50社1,200人　会社変革ドキュメンタリー』プレジデント社。

馬田隆明 (2017)『逆説のスタートアップ思考』中央公論新社。

恩藏直人、永井竜之介 (2017)『脱皮成長する経営――無競争志向がもたらす前川製作所の価値創造』千倉書房。

株式会社宣伝会議 (2016)「透明性、リアルタイム、共創…デジタル時代の新ブランド戦略」『宣伝会議』株式会社宣伝会議、2016年3月号、14-15。

―――― (2016)「"消費者インサイト至上主義"で低消費時代でも支持される」『宣伝会議』株式会社宣伝会議、2016年3月号、28-29。

川上昌直 (2017)『マネタイズ戦略――顧客価値提案にイノベーションを起こす新しい発想』ダイヤモンド社。

クレイトン・クリステンセン (2001)『イノベーションのジレンマ』翔泳社。

――――、マイケル・レイナー (2003)『イノベーションへの解』翔泳社。

此本臣吾、松野豊、川嶋一郎 (2016)『2020年の中国――「新常態」がもたらす変化と事業機会』東洋経済新報社。

是枝裕和、樋口景一 (2016)『公園対談　クリエイティブな仕事はどこにある？』廣済堂出版。

近藤大介 (2018)『未来の中国年表――超高齢大国でこれから起こること』講談社現代新書。

ジェレミー・ハイマンズ、ヘンリー・ティムズ (2018)『NEW POWER――これからの世界の「新しい力」を手に入れろ』ダイヤモンド社。

週刊東洋経済編集部 (2017)『中国の製造業はこんなにスゴイ！』東洋経済新報社、週刊東洋経済eビジネス新書 No.216。

徐方啓 (2015)『中国発グローバル企業の実像』千倉書房。

沈才彬（2018）『中国新興企業の正体』角川新書。
永井猛（2010）『富と知性のマーケティング戦略』五絃舎。
中林優介、小宮昌人（2018）「ASEANにおけるスタートアップの成長・イノベーションをいかに取り込むか」『知的資産創造』野村総合研究所、2018年6月号、38-47。
日経ビジネス（2019）「ロボット　無人化の「世界標準」、握るのは誰？」『日経ビジネス』日経BP社、2019年1月14日号、36-37。
———（2019）「失敗は零点でいい。マイナス評価にすべきは挑戦しない人」『日経ビジネス』日経BP社、2019年2月18日号、5。
バイロン・シャープ、アレンバーグ・バス研究所（2018）『ブランディングの科学——誰も知らないマーケティングの法則11』朝日新聞出版。
橋本輝彦（2001）「1960〜80年代アメリカ大企業の動向——A.D. チャンドラーの分析について——」『立命館経営学』、40（1）、1-29。
前田裕二（2017）『人生の勝算』幻冬舎。
村元康、永井竜之介（2018）『メガ・ベンチャーズ・イノベーション』千倉書房。
山田英夫（2018）『マルチプル・ワーカー　「複業」の時代——働き方の新たな選択肢』三笠書房。
山本晶（2014）『キーパーソン・マーケティング——なぜ、あの人のクチコミは影響力があるのか』東洋経済新報社。
李雪（2011）「中国の製造企業における経営資源の構築とその課題——杭州娃哈哈（ワハハ）集団の事例研究——」『商学研究科紀要』早稲田大学大学院商学研究科、73、91-107。
李智慧（2018）『チャイナ・イノベーション——データを制する者は世界を制する』日経BP社。
黎万強（2015）『シャオミ　爆買いを生む戦略』日経BP社。
ロバート・C・キャンプ（1995）『ベンチマーキング——最強の組織を創るプロジェクト』PHP研究所。
ローラ・ジョーダン・バーンバック、マーク・アールズ、ダニエル・フィアンダカ、スコット・モリソン（2018）『CREATIVE SUPERPOWERS』左右社。
鷲田祐一（2015）『イノベーションの誤解』日本経済新聞出版社。

主要索引

数字

5G　059-060, 122

A〜C

A.I.（After Internet）型　004, 088-090, 094
AI（Artificial Intelligence）　013, 015-016, 018, 024, 036-037, 039, 054, 059-062, 085-087, 148, 153, 171, 190
Airbus SE　016
Alipay　014, 029, 038, 054, 061, 064, 090, 155, 202
Apple（アップル）　004, 008, 010, 079-080, 082, 088, 093, 117-118, 122, 146, 153, 177, 202-203
Apple Ⅱ　008
Apple Music　117-118
ATLASSIAN　178
B2B（Business to Business）　042, 061, 082, 202
B2C（Business to Consumer）　061, 082
BATH　012, 035, 051, 069, 089, 177
B.I.（Before Internet）型　088-090, 094
C2C（Consumer to Consumer）　023, 025, 061, 134
CASE　147
CRF Health　178

D〜F

DJI（大疆創新科技）　050, 066-067, 091, 180
Dolce&Gabbana（D&G）　118-120
e-Palette Concept　147
EV　016, 057, 067, 147
Facebook（フェイスブック）　004, 010, 016, 040, 055, 079, 088, 092, 146, 177, 202
Face++　054-055

G〜I

GAFA　010, 079-080, 083, 146, 177, 216
Get Big Fast　021-022, 025-026, 077, 216
HoloLens　082
INNOSPACE+　057
Intel 4004　008
IoT（Internet of Things）　013, 015, 018, 056, 148
IPO（Initial Public Offering）　022, 035, 038-039, 061, 216

K〜M

KOL（Key Opinion Leader）　133-135
LA LA LAND　206
Lens Technology（藍思科技）　093
LinkedIn　194

Luckin Coffee（瑞幸珈琲）　022, 030-035, 064, 089, 091, 093
Microsoft（マイクロソフト）　010, 057, 080-083, 088, 125
MIUI　123-125
MR（Mixed Reality）　082
MUJIN　191-192
MVP（Minimum Viable Product）　194-196

| N～R |

Netflix　004, 010, 128-130
New Combinations　102
O2O（Online to Offline）　039, 061, 090
ofo（小黄車）　022, 026-030, 035, 089, 091
ONE JAPAN　164, 187
Osaro　171
PayPal　194, 202
Rocket Lab　179

| S～U |

SHOWROOM　106-107
Stripe　201-202
Taobao　061, 120, 134
Tesla　016, 178, 194
Tiffany&Co.　130
TikTok　004, 038
Tus Star　053-054

| V～Z |

VC（Venture Capital）　021, 025, 034, 052, 055, 057, 059, 069, 077, 083-084, 149, 189
Volkswagen AG　016, 147
VUCA　141-142, 145
WeChat　037-038, 090, 117, 202, 205
Weibo　040, 119, 134

Yume Wo Katare　173-174
YY　091, 106-107
ZTE　017, 067, 069
Zynga　022

| ア行 |

アスクル　191-192
アリババ（阿里巴巴集団）　012, 014, 033, 035, 038, 041-042, 050, 054, 059-062, 065, 069, 086-088, 090, 092-093, 103, 154-155, 173, 177, 179, 202
アント・フィナンシャル（螞蟻金服）　050-051, 054, 061
一帯一路　012
い・ろ・は・す　200
イノベーション　003-016, 049, 051-053, 055-056, 058-060, 067-070, 075-076, 078-080, 083-090, 093-094, 097-099, 102, 113, 132, 142-145, 148-153, 159, 168, 171, 178, 190-191, 193-194, 199, 201, 203-204, 208, 211, 215-217
インクリメンタル・イノベーション　143-145
インターネット・プラス（互聯網+）　015
インテル　007-008, 057, 216
海亀族　059-060, 068, 084
ウーラマ（餓了麼）　033, 040-042, 050, 057, 089
エンファクトリー　161
オープン・イノベーション　098, 142-144, 148
オピニオンディスリーダー（ODL）　131-133
オピニオンリーダー（OL）　131-133, 135-137

| カ行 |

華強北　068-069
加点主義　188, 190, 203-204
完璧主義　127, 188, 192-197, 203-204
キングジム　170
快手（クァイショウ）　036, 054
クローズド・イノベーション　142-143
減点主義　188-190, 203-204
杭州　027, 031, 049-051, 059-062, 065, 103-154
広州　066

| サ行 |

サイボウズ　162
サントリーホールディングス　198
資生堂　056
シェアサイクル　022, 026-030, 089
燃銭（シャオチェン）　034
シャオミ（小米科技）　014, 050-051, 067, 091, 122-127
シャープ　190
上海　016, 027, 031, 033, 039, 049-051, 055-059, 061, 065-066, 118-120, 216
シリアルアントレプレナー（連続起業家）　030, 036, 040, 054, 091, 094, 189, 204
シリコンバレー　016, 049, 051-053, 066, 068, 082, 091, 152, 168, 194, 204-205, 216
新常態　012, 015, 017
深圳　016, 027, 031, 049-051, 056, 066-069, 084, 216
深圳湾創業広場　069
自主創新　011
次世代人工知能発展計画　086
今日頭条　036, 038, 153
スターバックス　010, 030-033

スマートハイウェイ　016
清華大学　016, 040, 050, 052-055, 069
前例更新主義　198, 201, 203-204
前例主義　188, 198-201, 203-204
双創　013
ソニー　008, 089, 146, 176
存続的イノベーション　143-144

| タ行 |

大衆創業、万衆創新　013, 015, 052, 083
大衆点評　039, 041
ダニング＝クルーガー効果　169
中関村　052, 122
中国製造2025　015, 085, 090
超高齢化社会　017-018
テレビマンユニオン　164
テンセント（騰訊）　005, 012, 033, 035-039, 041-042, 050, 066-067, 069, 086-088, 090, 092, 116-118, 177, 179, 202, 205
ディー・エヌ・エー　106, 162
ディー・エル・イー　176
ディディ（滴滴出行）　044, 051, 054, 092-093, 147
トップ・オピニオンリーダー（TOP）　136
騰籠換鳥　067
トヨタ自動車　009, 088-089, 146
抖音（ドウイン）　036, 038

| ナ行 |

ニーズ思考　099-100, 107-108, 110
日本コカ・コーラ　200
日本電産　172
ニューリテール　061-062, 064-065
野村総合研究所　170

| ハ行 |

破壊的イノベーション　143-144
バイトダンス（字節跳動）　035-038, 042, 044, 050-051, 089, 091, 153-154
バイドゥ（百度）　005, 012, 035, 038, 050-051, 057, 069, 086-087, 090, 177
パナソニック　145-146, 165
東日本旅客鉄道　174
美団　039-041, 054, 065
美団点評　029, 035, 038-039, 041-042, 044, 050-051, 054, 089, 091, 169
ファーウェイ（華為技術）　005, 012, 017, 035, 050, 058, 066, 069, 092, 122, 177
フェーズ1　003, 007
フェーズ2　003, 005, 008-009
フェーズ3　003, 009-010
フェーズ4　003-004, 009-010, 013-014
フェーズ5　003-004, 011, 014
フォトクリエイト　105
フードデリバリー　038-042, 057, 169
フーマフレッシュ（盒馬鮮生）　033, 062-065
富士ゼロックス　165
北京　016, 026-027, 031, 039, 042, 049-056, 061, 066, 086
北京快手科技　054
ベンチマーキング　099-103, 106-110, 122
ベンチャー起業　015, 075-076, 079-080, 083-084, 087, 091, 168, 178
北上杭深　006, 049-051, 058, 070
ボーン・グローバル　177-181, 183, 192

| マ行 |

マーケティング　030-034, 056, 075, 097-101, 107, 110, 113-114, 116, 118, 121, 128-129, 131, 133, 136, 161-163, 165, 176, 214
　——・インサイト　098-100, 110, 163
　——・マイオピア（近視眼）　107, 110
　——・マインド　098-099, 101, 113-114, 116, 118, 121, 131
前川製作所　207
未来科技城　059
美菜（メイツァイ）　035, 042-044, 090-091
メガ・ベンチャー　010, 012, 017, 033, 035, 038, 041-042, 051, 059, 066-067, 070, 079-080, 087-089, 092, 116, 122, 144, 147, 168, 170, 179, 202, 205, 217
メグビー（曠視科技）　054-055
メルカリ　022-026, 163
モバイク（摩拝単車）　022

| ヤ行 |

ユーザー・アズ・フレンド　099, 101, 121-122, 127-128
ユナイテッド・イメージング　050, 057-058
ユニコーン　021-022, 026, 029-030, 035-038, 042, 044-045, 050-051, 054, 056-058, 061, 067, 079, 084, 087, 089, 091, 144, 153, 178-180, 216-217

| ラ行 |

ライト・オピニオンリーダー（LOL）　099, 101, 131, 135-137

楽天　023
楽天野球団　108
ラディカル・イノベーション　142-144, 148-153
リクルートキャリア　163
ロボット　013, 018, 085, 087, 171, 190-192, 207

| ワ行 |

ワハハ（娃哈哈）　103-105

Profile

永井竜之介 (ながい・りゅうのすけ)

高千穂大学商学部准教授
1986年生まれ。早稲田大学政治経済学部経済学科卒業、同大学大学院商学研究科修士課程修了の後、博士後期課程へ進学。同大学商学学術院総合研究所助手、高千穂大学商学部助教を経て2018年より現職。
専門はマーケティング戦略、消費者行動、イノベーション。主著に『メガ・ベンチャーズ・イノベーション』(千倉書房)など。

村元[清水]康 (むらもと[しみず]・こう)

早稲田大学商学学術院客員教授、ライフアンドデザイン・グループ株式会社 代表取締役社長CEO
1965年生まれ。早稲田大学大学院後期博士課程修了。博士(学術)、経営管理修士(MBA)、中小企業診断士。
専門はビジネスエコシステム、環境経営。早稲田大学では一貫して起業家教育・支援に携わる。

イノベーション・リニューアル
中国ベンチャーの革新性

2019年9月2日 初版第1刷発行

著　者	永井竜之介
	村元康
発行者	千倉成示
発行所	株式会社 千倉書房
	〒104-0031 東京都中央区京橋2-4-12
	電話 03-3273-3931（代表）
	https://www.chikura.co.jp/
印刷・製本	精文堂印刷株式会社
装丁造本	米谷豪

©NAGAI Ryunosuke and MURAMOTO Kou 2019
Printed in Japan〈検印省略〉
ISBN 978-4-8051-1180-2 C0034

乱丁・落丁本はお取り替えいたします

JCOPY ＜(社)出版者著作権管理機構 委託出版物＞

本書のコピー、スキャン、デジタル化など無断複写は著作権法上での例外を除き禁じられています。複写される場合は、そのつど事前に(社)出版者著作権管理機構（電話 03-5244-5088、FAX 03-5244-5089、e-mail: info@jcopy.or.jp）の許諾を得てください。また、本書を代行業者などの第三者に依頼してスキャンやデジタル化することは、たとえ個人や家庭内での利用であっても一切認められておりません。